Main dans la main

Cahier d'activités B

Annick McKale

Main dans la main

Cahier d'activités B

ÉTHIQUE ET CULTURE RELIGIEUSE

2e année
du 2e cycle
du primaire

COLLECTION
Tous ensemble

LIDEC

Main dans la main

Cahier d'activités B

Auteure
Annick McKale

Révision linguistique
Francis Bosquart
Caroline Turgeon

Conception graphique
LIDEC inc.

Illustrations
Patrick Bizier

Illustration de la page couverture
Patrick Bizier

Dépôt légal
Bibliothèque et Archives nationales du Québec, 2009
Bibliothèque et Archives Canada, 2009

ISBN 978-2-7608-1095-2

IMPRIMÉ AU CANADA

Nous reconnaissons l'aide financière du gouvernement du Canada par l'entremise du Programme d'Aide au Développement de l'Industrie de l'Édition (PADIÉ) pour nos activités d'édition.

Canada

LE «PHOTOCOPILLAGE» TUE LE LIVRE

4350, avenue de l'Hôtel-de-Ville
Montréal (Québec) H2W 2H5
Téléphone: 514-843-5991
Télécopie: 514-843-5252
Sans frais: 1 800 350-5991
Internet: http://www.lidec.qc.ca
Courriel: lidec@lidec.qc.ca

Table des matières

1. Les récits sur l'origine du monde 1

2. L'égocentrisme 6

3. Les bâtiments religieux 10

4. Le partage des objets et des espaces communs 16

5. La mise à profit de ses talents et capacités 21

6. La participation et les rôles dans un groupe 27

7. Les valeurs religieuses ou profanes qui sous-tendent la vie de groupe et la possibilité de les rejeter 32

8. Les monuments 40

9. Les droits et les privilèges 46

10. Les cimetières 49

11. L'écoute, l'ouverture à l'autre, l'empathie 54

12. Les statues et les sculptures 58

13. La violence verbale et la violence psychologique 61

14. Les jardins zen 68

15. L'intimidation 73

16. Les événements culturels liés au religieux 78

17. L'expression des émotions et des sentiments dans les relations interpersonnelles 82

I

18. Des oeuvres communautaires **92**

19. Des règles de vie ou des interdits dans différents groupes **95**

20. Des expressions langagières, les oeuvres littéraires
et les films **101**

21. La gestion des tensions et des conflits **112**

22. Les icônes **117**

23. L'exclusion **119**

24. Les couvents et monastères **123**

25. Les relations de groupe présentées dans les médias **127**

26. Les symboles religieux **131**

27. La distinction entre ce qui est approprié dans la vie de
groupe et ce qui ne l'est pas **135**

28. La musique religieuse **141**

1.

Les récits sur l'origine du monde

 A) LES RÈGLES DU DIALOGUE

Le respect par les interlocuteurs et interlocutrices (les gens qui prennent part au dialogue) d'un certain nombre de règles facilite le dialogue.

	Voici dix règles
1	J'exprime correctement mes sentiments et mes idées.
2	J'écoute attentivement la personne qui me parle.
3	Je respecte ce que cette personne dit (je ne me moque pas d'elle et je ne déforme pas ses paroles).
4	Je porte attention à mon langage corporel et à celui de mon interlocuteur ou interlocutrice.
5	Je prends en considération les sentiments et les idées de la personne qui me parle.
6	J'apporte des nuances à ce que je dis et je tiens compte des nuances apportées par mon interlocuteur ou interlocutrice.
7	Je porte attention à des façons de penser différentes des miennes.
8	J'évite de tirer trop rapidement des conclusions.
9	Je prends le temps de bien expliquer mes idées.
10	Je m'assure que j'ai bien compris ce que l'autre m'a dit.

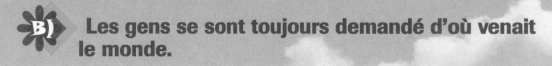

B) Les gens se sont toujours demandé d'où venait le monde.

Quand a-t-il été créé? Par qui ou par quoi?

La plupart des religions ont apporté leur propre réponse à ces questions sous forme de récits mythiques.

Mais d'où vient le monde?

1. *Premier récit*

Aataentisc, la Grande Tortue et le peuple wendat-huron

Le peuple huron se nommait lui-même autrefois wendat (gens qui vivent sur le dos d'une tortue). Voici le récit de la création selon ce peuple.

Autrefois, le monde était une île qui flottait de l'autre côté du ciel. Un jour, en cherchant des plantes médicinales au pied d'un grand arbre pour guérir son mari malade, une jeune femme enceinte, nommée Aataentisc, trébucha sur une racine de l'arbre. L'arbre s'abattit et entraîna Aataentisc avec lui dans sa chute vertigineuse dans un trou du ciel.

Deux grandes oies sauvages aperçurent la jeune femme alors qu'elle tombait en chute libre vers l'océan. Émues par sa beauté, elles déployèrent leurs ailes immenses et se précipitèrent vers elle pour la sauver *in extremis* d'une noyade certaine. Les oies installèrent Aataentisc sur leur dos et allèrent la déposer sur le dos de la Grande Tortue.

La Grande Tortue convoqua alors un conseil de tous les animaux aquatiques, afin de trouver un lieu où Aataentisc pourrait désormais vivre.

Nageurs aguerris, la Loutre, le Rat musqué et le Castor offrirent l'un après l'autre de plonger pour rapporter un peu de terre du fond de l'océan pour créer une île où Aataentisc pourrait habiter, mais tous revinrent bredouille et, épuisés, moururent.

La situation était désespérée, mais c'est alors que le Vieux Crapaud se porta volontaire pour aider Aataentisc et il s'engouffra vers les ténèbres des abîmes marins. Longtemps après, alors que tous le croyaient disparu à jamais, le Vieux Crapaud refit surface avec quelques mottes de terre dans la gueule.

La Grande Tortue offrit de porter cette terre et les animaux l'étendirent sur son dos. Cette terre devint rapidement une grande île verdoyante sur laquelle Aataentisc s'établit et donna naissance à son enfant.

On nomma cette île Wendake et, depuis lors, elle est habitée par la nation wendat-huronne. Cela explique que la terre tremble chaque fois que la Grande Tortue bouge.

À tes crayons ! Illustre cette légende.

Écris ce que tu penses de ce récit.

Est-il réaliste?

_____

Pourquoi, selon toi, ce récit, et pas un autre, explique la création du monde pour les Hurons-Wendats?

_____

Trouves-tu ce récit poétique?

_____

Ressemble-t-il à la conception que tu te fais toi-même de l'origine du monde?

_____

_____

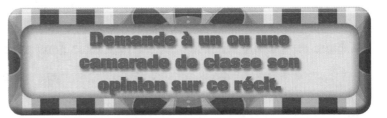

Demande à un ou une camarade de classe son opinion sur ce récit.

Ensuite, compare son opinion à la tienne.

Êtes-vous du même avis?

_____

_____

Y a-t-il des éléments, parmi ceux qu'il ou elle a mentionnés, qui te semblent intéressants?

_____

_____

Les juifs, les catholiques, les chrétiens orthodoxes et les protestants partagent tous le même récit de la création du monde.

Dans quel livre sacré se trouve ce récit ?

_____

Lis ce récit puis, avec un ou une autre élève, récris-le dans vos mots.

_____

_____

_____

_____

_____

_____

_____

Maintenant, illustre-le.

2.

L'égocentrisme

A)

Mademoiselle, tu pourrais faire de la place pour permettre à cette dame de s'asseoir!

Non, mais j'ai des droits moi aussi! C'est comme s'ils n'avaient jamais entendu parler des droits des autres! C'est incroyable! C'est pas parce que je suis jeune qu'on doit me dire quoi faire! Je vais leur montrer à quel point je suis indépendante en ne leur prêtant aucune attention. Je suis fatiguée, je n'ai pas pu écouter de musique de la journée et, en plus, j'ai mal aux jambes! Cette femme enceinte n'a rien à faire d'autre de toute la journée que de s'occuper d'elle-même; et maintenant, elle veut ma place. C'est incroyable!

Les gens s'imaginent qu'ils sont seuls au monde!

Oui, ils sont égocentriques!

Quelle est, à ton avis, la définition de l'égocentrisme?

_____

_____

Comment se sentent les gens qui ont affaire à une personne égocentrique?

_____

_____

Quelles sont les conséquences du comportement d'une personne égocentrique dans un groupe?

_____

_____

 Discussion en classe. Note ici les réponses qui te semblent les plus intéressantes.

 1. **Qu'est-ce que l'égocentrisme?**

_____

2. **Comment se manifeste-t-il?**

_____

3. **Pour quelles raisons les gens se montrent-ils égocentriques?**

_____

4. **Quels dommages l'égocentrisme cause-t-il? Quel est le dommage le plus grand qu'il peut causer?**

_____

_____

5. Pourquoi certaines personnes se montrent-elles égocentriques?

6. Quelle attitude doit-on adopter face au comportement égocentrique d'une autre personne?

7. Tout le monde peut-il, à un moment ou à un autre, se montrer égocentrique?

8. L'égocentrisme se définit comme la tendance à être centré sur soi-même, à tout ramener à sa personne et à son intérêt. Cette tendance peut-elle aussi affecter un groupe de personnes par rapport à d'autres groupes?

9. Les gens sont-ils, comme certains le disent, plus égocentriques maintenant qu'avant? Si oui, pour quelles raisons?

10. Est-il dans la nature humaine de se montrer égocentrique?

11. Une certaine dose d'égocentrisme peut-elle être saine ou bénéfique?

12. Les jeunes enfants sont-ils naturellement égocentriques? L'égocentrisme est-il une attitude infantile?

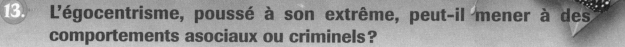

13. L'égocentrisme, poussé à son extrême, peut-il mener à des comportements asociaux ou criminels?

_____

14. Les sentiments de la personne égocentrique ne reflètent-ils pas la réalité? Ne sommes-nous pas, chacun, la personne la plus importante pour nous-même et le centre de notre propre monde?

_____

15. L'égocentrisme engendre-t-il la solitude?

_____

Te souviens-tu d'un moment où tu t'es toi-même montré égocentrique?

Décris brièvement ce qui s'est passé et ce que tu as ressenti, ou ce que tu ressens maintenant, face à ce comportement passé.

_____

_____

_____

_____

_____

_____

_____

_____

_____

_____

_____

_____

3.

Les bâtiments religieux

Toutes les religions possèdent des temples où les croyants se rendent pour prier, se réunir, étudier leur religion ou célébrer des fêtes.

A) Les protestants vont à l'église protestante (qu'on appelle aussi un temple). Au Québec, un tiers des églises sont des églises protestantes. Il existe une multitude de branches du protestantisme, mais toutes les églises protestantes partagent certaines caractéristiques : la décoration y est simple, il n'y a pas d'images et la musique occupe généralement une grande place lors des assemblées des fidèles.

Le temple protestant est un simple endroit de réunion et n'est pas considéré comme sacré. Le protestantisme encourage les fidèles à lire et à interpréter eux-mêmes la Bible, mais des cultes (des moments d'étude en commun de la Bible) se tiennent toutefois chaque semaine, généralement le dimanche.

Le culte se déroule plus ou moins de la même manière pour toutes les branches du protestantisme. Il y a d'abord un temps pour l'accueil des fidèles suivi d'un temps consacré à la repentance, au retour à Dieu et aux conversions nouvelles. Viennent ensuite les louanges à Dieu sous forme de chants, de lectures de la Bible ou de témoignages. Puis a lieu la prédication (commentaire fait par le pasteur ou une autre personne à partir d'un texte biblique) suivie d'un moment de prière, spontanée dans certaines églises ou dite par un officiant dans d'autres. Puis vient la célébration, souvent soulignée par un chant. La Cène, c'est-à-dire, pour les protestants, la commémoration du repas communautaire institué par Jésus avant sa mort, n'est pas célébrée par toutes les églises protestantes.

Cette église protestante se trouve dans un village de l'Estrie.

Église Mossawippi Union
© Conseil du patrimoine religieux, 2003

Cette synagogue est située à Montréal. Ce sont les juifs qui fréquentent la synagogue.

Synagogue Temple Solomon (Montréal)
© Conseil du patrimoine religieux, 2003

L'architecture extérieure des synagogues ne respecte aucune règle particulière, mais les synagogues sont généralement orientées vers la ville de Jérusalem, en Israël.

À l'intérieur de la synagogue, les images représentant Dieu ou des personnes sont interdites; la décoration est plutôt constituée de symboles religieux. Dans chaque synagogue, une lampe brûle en permanence devant l'arche sainte, qui contient un rouleau écrit à la main de la Torah, le livre sacré.

La synagogue n'est pas un lieu plus sacré qu'un autre, mais simplement un endroit de réunion, dans lequel 10 hommes au moins (ou 10 personnes dans certaines synagogues) doivent être présents, formant ce qui s'appelle un minyan, pour que la prière ait lieu.

Chaque communauté est dirigée par un rabbin. Il enseigne la doctrine aux membres de sa communauté et les conseille. Il n'est pas nécessaire qu'un rabbin dirige l'office célébré à la synagogue: n'importe quel juif peut le faire s'il connaît la prière.

c) **Voici une mosquée de Montréal. Cette mosquée était auparavant une église luthérienne. La mosquée, en plus d'être un lieu de culte, est aussi un centre d'activités sociales, éducatives et politiques.**

mosquée Ahmadiyya movement in Islam

Dans certains endroits, les mosquées sont des bâtiments qui avaient été construits autrefois pour un autre usage. Néanmoins, le type de mosquée le plus courant dans le monde est une mosquée entourée d'une ou de plusieurs tours (des minarets) dont le nombre est limité à six pour ne pas excéder le nombre de tours de la mosquée de La Mecque en Arabie Saoudite (la ville sainte de l'Islam), qui en comporte sept. Le toit de la mosquée est généralement en forme de dôme.

À l'intérieur de la mosquée, il ne doit y avoir ni statues ni images d'animaux ou d'êtres humains. Des calligraphies (généralement des versets du Coran ou de la profession de foi musulmane – «Je témoigne qu'il n'y a de vraie divinité autre qu'Allah et que Muhammad est Son messager.») ornent les murs. Des tapis couvrent le sol et il n'y a pas de sièges.

En face de l'entrée de la salle de prière se trouve le mihrab, une niche qui indique la direction de la Kaaba à La Mecque, vers où se tournent les musulmans pendant la prière. La prière, qui a lieu cinq fois par jour, est l'une des cinq obligations imposées à tout musulman. Les musulmans peuvent aussi prier à l'extérieur de la mosquée. Les prières sont généralement des récitations d'extraits du Coran. Le vendredi, les hommes se rassemblent à la mosquée pour la prière de midi. Avant la prière, le croyant fait ses ablutions; il se lave les mains, la bouche, les narines, le visage, les oreilles, le cou et les pieds. De l'eau courante est disponible à l'entrée de la mosquée. Le rituel de la prière comprend quatre positions. Premièrement, debout, le fidèle se concentre sur la pensée de Dieu, la main droite sur la main gauche. Ensuite, incliné, les mains sur les genoux, il récite trois fois en arabe «Louange à Dieu, Seigneur des mondes.» Agenouillé, les avant-bras et le front au sol, le fidèle répète trois fois: «Gloire à mon Dieu, le plus grand de tous.» Finalement, le fidèle se recueille, à genoux encore, assis sur les pieds. Pour prier, le musulman doit porter des vêtements propres. Il doit aussi prier dans un endroit propre (certains musulmans utilisent un tapis de prière). Les prières collectives sont dirigées par un imam, ou par n'importe quel homme adulte s'il n'y a pas d'imam.

D) *À toi maintenant! Dessine une église catholique que tu connais. Avec un ou une autre élève, donne ensuite les caractéristiques d'une église catholique.*

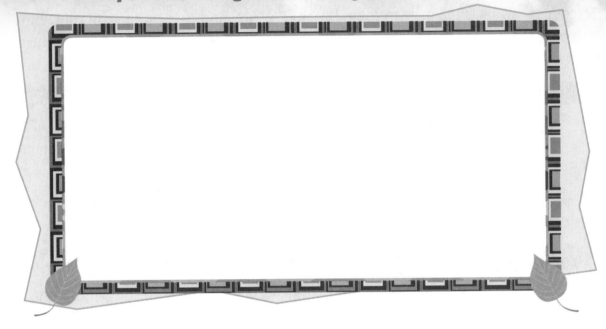

Extérieur:

_____

_____

_____

Intérieur:

_____

_____

_____

Autres informations:

_____

_____

_____

_____

1. Compare tes réponses avec celles des autres élèves de la classe. Ajoute les nouvelles informations à ce qui est déjà dans ton cahier.

2. Qu'ont en commun les quatre bâtiments religieux décrits précédemment?

_____

_____

_____

_____

_____

3. Quels sont les éléments qui les distinguent les uns des autres?

_____

_____

_____

_____

_____

_____

_____

_____

_____

_____

4.

Le partage des objets et des espaces communs

 A) **Aucun groupe ne peut exister sans que ses membres ne partagent un espace et des objets.**

Les membres de la société eux-mêmes, tous ensemble, forment un grand groupe. Nous, les membres de la société, devons partager des espaces (les rues, les parcs, les écoles, les hôpitaux, les magasins, les restaurants, les transports en commun) et des objets (la nature, les installations publiques, les livres des bibliothèques, les meubles et les accessoires des bâtiments publics).

Parfois, partager n'est pas si facile...

a)

b)

c)

d)

Selon toi, quelles sont les conséquences négatives de chacune des actions de la page précédente ?

a) _____

b) _____

c) _____

d) _____

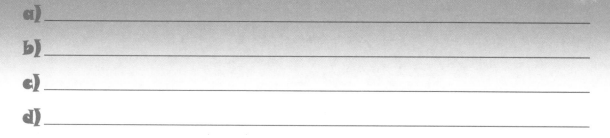 **Avec un ou une autre élève, rédige trois courts textes qui expliquent quels sont les problèmes les plus courants que l'on rencontre quand on partage des objets et des lieux, et les solutions qu'on peut y apporter.**

Dans la classe

Problèmes :

_____

_____

_____

_____

_____

Solutions :

_____

_____

_____

_____

_____

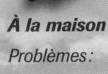

À la maison

Problèmes :

_____

_____

_____

_____

Solutions :

_____

_____

_____

_____

_____

À l'extérieur

Problèmes :

_____

_____

_____

_____

Solutions :

_____

_____

_____

_____

c) Discute en classe des réponses que vous avez trouvées. Après avoir eu cette discussion, penses-tu qu'il y a des éléments intéressants dont toi et ton ou ta partenaire aviez oublié de tenir compte?

Inscris-les ici.

_____

_____

_____

_____

_____

_____

_____

_____

_____

_____

_____

_____

_____

_____

_____

_____

_____

_____

_____

D) La notion de partage des objets et des espaces s'applique aussi à la communauté humaine tout entière.

Quels sont, selon toi et les élèves de ta classe, les choses qui doivent être partagées entre tous les humains de la planète? Quelles sont les difficultés rencontrées lors de ces partages, et les solutions qui peuvent être envisagées?

5.

La mise à profit de ses talents et capacités

A)

Jérôme ne s'énerve jamais pour rien et il a de la patience. Il connaît beaucoup de choses, car il aime poser des questions et se renseigner. Il sait aussi jouer de la guitare.

Emmanuelle est très sportive. Elle aime bouger et relever de nouveaux défis. Elle a un bon esprit d'équipe et un bon esprit sportif: elle accepte les défaites et sait en tirer des leçons.

Carla se sent très à l'aise dans la nature. Elle comprend bien les animaux. Elle aime observer et comprendre comment les choses fonctionnent.

Josip est amusant et drôle. Ses copains peuvent compter sur lui en tout temps. Il est dynamique et il se fait facilement des amis, car il est gentil avec tout le monde.

B) À toi!

Fais une liste de tes talents et de tes capacités.

Je suis (patient, généreux, calme…)

_____

_____

_____

_____

Je suis capable de

_____

_____

_____

_____

Jackie Robinson

Jack (Jackie) Roosevelt Robinson, en janvier 1919 en Géorgie (États-Unis) était le dernier d'une famille de cinq enfants. Son père abandonna définitivement la famille quand Jackie avait un an et demi. Mallie, sa mère, décida alors de fuir la pauvreté de la Géorgie et d'amener la famille vivre à Pasadena, en Californie. Mallie trouva rapidement du travail comme domestique et réussit à acheter une maison. Cependant, à cette époque, la discrimination raciale était courante aux États-Unis et rendait la vie très difficile aux Noirs. Par exemple, à Pasadena, la piscine municipale ne leur était ouverte qu'une journée par semaine, et le YMCA local, qui possédait les meilleures installations sportives, refusait l'entrée aux enfants noirs. Malgré tous les soins de sa mère, Jackie, à l'adolescence, se joignit à une bande qui commettait des méfaits. C'est alors qu'un mécanicien du voisinage persuada Jackie que, s'il ne fallait aucun courage pour faire comme les autres, il en fallait en revanche beaucoup, ainsi que de l'intelligence, pour être différent. Jackie quitta la bande. À 15 ans, Jackie faisait partie des équipes de baseball, de football, de basketball et d'athlétisme de son école, et il jouait aussi au tennis. Un de ses frères, Mack, réussit à se rendre aux Jeux olympiques de Berlin, en 1936, où il se classa deuxième, après Jesse Owens, dans la course du 200 mètres. À son retour, cependant, Mack ne vit pas son succès célébré par la ville de Pasadena, et il ne put trouver qu'un emploi de nuit comme balayeur de rues. En 1938, Jackie obtint un travail quand le pasteur Karl Downs le recruta pour enseigner la catéchèse aux enfants dans son église méthodiste.

Victime de racisme pendant ses années de collège (entre autres choses, on refusa de le servir dans un restaurant parce qu'il était Noir), Jackie ressentait une grande colère. Peu à peu, toutefois, il adopta le point de vue de sa mère qui lui avait affirmé toute sa vie que les gens racistes étaient simplement victimes de leur propre ignorance et que, plutôt que de se fâcher contre eux, ils fallait réagir calmement comme avec de jeunes enfants.

La performance de Jackie dans la ligue collégiale junior de baseball aurait dû le mener dans les ligues majeures, mais aucun joueur noir n'y était alors accepté. Ce n'est qu'en 1946, que Branch Rickey, des Dodgers de Brooklyn, décida de le recruter pour jouer avec les Royaux de Montréal:

– Nous savons que tu es un bon joueur, lui dit Branch Rickey, mais es-tu assez fort pour faire face au racisme que tu rencontreras?

– Oui, je suis très fort, affirma Jackie, sûr de lui.

– Assez fort pour ne pas répliquer? précisa Branch Rickey.

Jackie Robinson devint le premier joueur noir des ligues majeures et Montréal fut la ville qui l'accueillit comme il le méritait. Il connut par la suite une grande carrière et il prit sa retraite en 1956. En 1962, il a été inscrit au palmarès du Temple de la renommée. Après sa retraite, Jackie Robinson a participé à l'établissement de la Freedom Bank, dont les propriétaires étaient des noirs, et il a écrit pendant plusieurs années une chronique journalistique dans laquelle il apporta son appui à Martin Luther King et à Malcolm X, deux militants de la cause des Noirs aux États-Unis. Quand on lui a demandé de faire un commentaire sur lui-même, Jackie Robinson a dit: «Ça m'importe peu qu'on m'aime ou non. Tout ce que je demande, c'est qu'on me respecte en tant qu'être humain.» Jackie Robinson est mort le 24 octobre 1972.

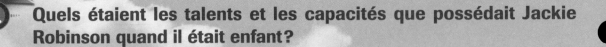

1. Quels étaient les talents et les capacités que possédait Jackie Robinson quand il était enfant?

_____

2. Quels étaient ses capacités et ses talents en tant qu'adulte?

_____

3. Comment Robinson a-t-il mis certaines de ses qualités au service d'un groupe et de quel groupe s'agit-il?

_____
_____
_____

Une entrevue est un dialogue lors duquel une personne en interroge une ou plusieurs autres sur un sujet particulier.

Il existe deux types de questions qui peuvent alors être posées: les questions ouvertes et les questions fermées.

Pour les questions fermées, la personne interrogée choisit sa réponse dans une liste pré-établie, par exemple: oui ou non, jamais, rarement, parfois, souvent, toujours, etc.

Dans le cas des questions ouvertes, la personne interrogée répond comme elle le désire, en faisant des commentaires et en donnant des détails si elle souhaite le faire.

Lors d'une entrevue, il faut recueillir les réponses de la personne interviewée; on peut le faire par écrit, ou encore enregistrer l'entrevue.

Avant de procéder à l'entrevue, il est nécessaire de rédiger un questionnaire.

Quelles sont les informations que l'on désire obtenir?

Combien de questions ouvertes et combien de questions fermées l'entrevue comportera-t-elle?

Quel sera l'ordre des questions?

Une réponse de la part de la personne interviewée amènera-t-elle à poser une autre question plus spécifique?

Selon le type d'entrevue, les questions peuvent porter sur des faits ou sur les opinions de la personne interrogée, ou bien être construites d'un mélange des deux.

Avec un autre élève, prépare, en te référant à l'encadré de la page précédente, une entrevue comportant une dizaine de questions dans laquelle la personne interrogée parlera de quelqu'un qui a su utiliser ses talents et ses capacités pour le bénéfice d'un groupe (une équipe sportive, une famille, un groupe d'amis, une équipe de travail, un groupe social, un pays).

Faites l'entrevue et inscrivez, chacun dans votre cahier, les questions que vous avez posées et les réponses que vous avez obtenues.

Q._____

R._____

Q._____

R._____

Q._____

R._____

Q._____

R._____

Q._____

R._____

Q._____

R._____

Q._____

R._____

Q._____

R._____

Q._____

R._____

Q._____

R._____

6.

La participation et les rôles dans un groupe

A) *Le jardin communautaire*

La mère de Manuela loue une parcelle de terrain dans un jardin communautaire municipal et Manuela participe, avec sa mère, à toutes les activités concernant le jardin. Toutes les deux, elles cultivent des tomates, des concombres, des betteraves, d'autres légumes et même des fleurs. Manuela est très fière du travail qu'elles accomplissent. Elle n'a jamais rien mangé de plus délicieux que les tomates bien mûres et encore chaudes de soleil de son propre jardin!

Parce que plusieurs personnes partagent le jardin, il y a bien sûr des règlements que Manuela et sa mère doivent respecter scrupuleusement.

Il faut qu'elles arrachent les mauvaises herbes de leur jardinet. Il leur est défendu d'utiliser des produits chimiques. Elles doivent aussi nettoyer et ranger les outils dans la remise quand elles ont fini de les utiliser. Les déchets décomposables doivent être jetés dans le bac à compost, les autres déchets dans la poubelle. Manuela accompagne sa mère aux réunions mensuelles des membres du jardin. Une fois, Manuela est entrée dans le jardin avec sa bicyclette: elle avait oublié que c'était contre le règlement parce que les bicyclettes encombrent les allées et pourraient casser quelque chose. Quelqu'un est venu se plaindre auprès de sa mère. Manuela a réfléchi et a admis que ce n'était pas une bonne idée de se promener à bicyclette dans les allées étroites. La mère de Manuela est chargée de vérifier l'état des outils et d'en acheter de nouveaux, si c'est nécessaire. Manuela aime bien l'accompagner dans la section jardinage des magasins et regarder tout ce qui s'y trouve.

Après avoir lu le texte, nomme les responsabilités qui incombent à un membre d'un jardin communautaire.

_____

_____

_____

_____

_____

_____

_____

_____

_____

Chacun fait partie de plusieurs groupes différents, choisis ou imposés.

La famille est un de ces groupes. Explique le rôle que tu joues dans ta famille et les responsabilités qui y sont les tiennes.

Rôle:

_____

_____

_____

Responsabilités:

_____

_____

_____

_____

_____

Quels sont les avantages, pour toi, de faire partie de ce groupe (ta famille)?

_____

_____

_____

_____

Quels sont les inconvénients, pour toi, de faire partie de ce groupe?

_____

_____

_____

_____

Compare tes réponses à celles d'un ou une autre élève. Sont-elles similaires?

_____

_____

_____

_____

_____

_____

_____

_____

_____

Penses-tu que le rôle et les responsabilités sont les mêmes pour tous les enfants d'une même famille et pour les enfants de toutes les familles? Pour quelles raisons?

_____

_____

_____

_____

_____

As-tu déjà entendu parler du mouvement scout?

Créé en 1907 par le général anglais Baden Powell, le scoutisme est un mouvement de loisirs et de formation des jeunes axé sur la foi (quelle qu'elle soit), la responsabilité personnelle, le respect des autres et le service à la communauté.

Employé de l'armée coloniale pendant 20 ans, Lord Baden Powell observa la formation des éclaireurs de guerre et eut l'idée de créer un mouvement de paix basé sur les mêmes principes: caractère, esprit d'initiative et débrouillardise. Divisés en petits groupes selon leur âge, les scouts apprennent à vivre ensemble, à développer leurs capacités et à jouer un rôle positif dans la société. Un autre des buts du scoutisme est d'enseigner comment vivre au milieu de la nature. À travers des contacts entre scouts de divers pays, le scoutisme cherche aussi à développer la fraternité entre les peuples. Sur son lit de mort, Lord Baden Powell a déclaré: «La seule chose qui vaille la peine d'être vécue, c'est d'apporter un peu de bonheur aux autres.»

Décris un groupe, autre que ta famille, dont tu fais partie et explique tes responsabilités et ton rôle dans ce groupe.

_____

_____

_____

_____

_____

_____

_____

_____

_____

_____

_____

7.

Les valeurs religieuses ou profanes qui sous-tendent la vie de groupe et la possibilité de les rejeter

 A) *Les valeurs*

1. Qu'est-ce qu'une valeur?

_____

_____

2. *Une échelle des valeurs est une liste où les valeurs sont rangées par ordre d'importance. Une telle échelle sert de référence pour décider d'une conduite à adopter dans les cas difficiles ou lorsqu'il faut prendre une décision.*

Réfléchis, puis établis une échelle de tes valeurs: écris en ordre décroissant d'importance les valeurs qui comptent pour toi.

1- _____

2- _____

3- _____

4- _____

5- _____

6- _____

B) Certaines valeurs sont d'origine religieuse, par exemple celles contenues dans les Béatitudes.

Les Béatitudes sont une partie bien connue du Sermon sur la montagne rapporté dans les Évangiles de Matthieu et de Luc, dans le Nouveau Testament.

Les Béatitudes décrivent les caractéristiques de ceux que Dieu bénit ou, selon une autre traduction du grec original, de ceux qui «possèdent une joie intérieure incapable d'être affectée par les circonstances qui les entourent».

.•.

- Heureux les pauvres de cœur, le Royaume des cieux est à eux!

- Heureux les doux, ils auront la terre en partage!

- Heureux ceux qui pleurent, ils seront consolés!

- Heureux ceux qui ont faim et soif de la justice, ils seront rassasiés!

- Heureux les miséricordieux, il leur sera fait miséricorde!

- Heureux les cœurs purs, ils verront Dieu!

- Heureux ceux qui font œuvre de paix, ils seront appelés fils de Dieu!

- Heureux ceux qui sont persécutés pour la justice, le Royaume des cieux est à eux!

- Heureux êtes-vous lorsque l'on vous insulte, que l'on vous persécute et que l'on dit faussement contre vous toute sorte de mal à cause de moi!

- Soyez dans la joie et l'allégresse, car votre récompense est grande dans les cieux; c'est ainsi en effet que l'on a persécuté les prophètes qui vous ont précédés.

.•.

(Matthieu 5, 3-12)

D'autres valeurs (ou parfois les mêmes) sont d'origine purement éthique sociale, comme le sont certaines parmi celles que partagent les Amérindiens du Canada.

- La terre a une valeur en elle-même et les êtres humains, à qui elle n'appartient pas, doivent en prendre soin.

- Toute chose vivante et tout objet ont un esprit.

- Lorsque l'on prend la vie d'une plante ou d'un animal, il faut rendre hommage à l'esprit de la plante ou de l'animal.

- La famille mérite un grand respect, y compris la famille éloignée et d'autres personnes qui peuvent être considérées comme membres de la famille.

- Il faut faire preuve de respect envers chacun.

- Chacun est maître de son propre comportement et doit se comporter en tenant compte de la collectivité dans laquelle il vit.

- Tous les objets sacrés doivent être traités comme tels par quiconque les touche.

- On doit respecter les croyances spirituelles de chacun.

c) *Pour qu'un groupe soit harmonieux, ses membres doivent partager un certain nombre de valeurs.*

1. **À ton avis, quelles sont les valeurs mises de l'avant au Québec**

a) **dans la publicité?**

_____

_____

Selon toi, est-ce que ce sont des valeurs d'origine religieuse ou sociale?

_____

b) à l'école?

_____

_____

Selon toi, est-ce que ce sont des valeurs d'origine religieuse ou sociale?

_____

c) en politique?

_____

_____

Selon toi, est-ce que ce sont des valeurs d'origine religieuse ou sociale?

_____

d) dans les clubs de sport ou de loisirs dont tu es membre?

_____

_____

Selon toi, est-ce que ce sont des valeurs d'origine religieuse ou sociale?

_____

e) dans les films ou les émissions de télévision que tu as vus?

_____

_____

Selon toi, est-ce que ce sont des valeurs d'origine religieuse ou sociale?

_____

_____

2. Compare ces valeurs avec celles que les autres élèves ont choisies. Est-ce que ce sont les mêmes?

Publicité :

_____

_____

_____

École :

_____

_____

_____

Politique :

_____

_____

_____

Club de sport ou de loisirs :

_____

_____

_____

Films ou émissions de télévision :

_____

_____

_____

3. **Discutons.**

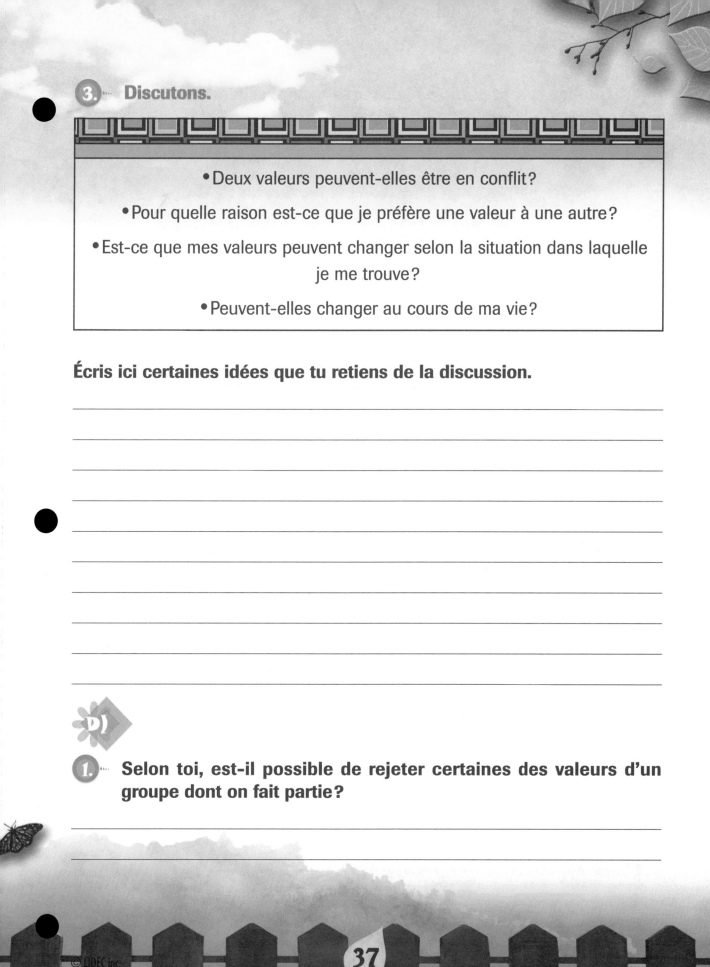

- Deux valeurs peuvent-elles être en conflit?

- Pour quelle raison est-ce que je préfère une valeur à une autre?

- Est-ce que mes valeurs peuvent changer selon la situation dans laquelle je me trouve?

- Peuvent-elles changer au cours de ma vie?

Écris ici certaines idées que tu retiens de la discussion.

_____

_____

_____

_____

_____

_____

_____

_____

_____

_____

1. **Selon toi, est-il possible de rejeter certaines des valeurs d'un groupe dont on fait partie?**

_____

_____

 2. Quelles seront alors les conséquences possibles d'un tel geste?

_____

_____

 3. Peux-tu imaginer une situation où il serait néfaste de rejeter une des valeurs d'un groupe dont on fait partie?

_____

_____

4. Peux-tu, au contraire, imaginer une situation où il serait profitable de rejeter une des valeurs d'un groupe dont on fait partie?

_____

_____

E)

1. En équipe de quatre élèves, établissez une échelle des valeurs que vous souhaiteriez voir adoptée pour votre école. (La valeur la plus importante est la première de la liste et les suivantes sont inscrites en ordre décroissant d'importance.)

Ensuite, déterminez quelle attitude devrait être adoptée dans le cas où quelqu'un qui fait partie de l'école n'adhère pas à l'une de ces valeurs et agit en conséquence.

Valeurs:

1- _____

2- _____

3- _____

4- _____

5- _____

Attitude à adopter si cette valeur est rejetée:

1- _____

2- _____

3- _____

4- _____

5- _____

2. Était-il facile de vous entendre sur les valeurs à choisir, sur l'ordre dans lequel les mettre et sur les conséquences du rejet de certaines d'entre elles? Explique-toi.

_____

_____

_____

_____

_____

_____

_____

_____

_____

_____

8.

Les monuments

A)

Monument canadien pour les droits de la personne à Ottawa
© NCC/CCN

1.

Ce monument s'appelle le Monument canadien pour les droits de la personne.

Voici son histoire

Le Monument canadien pour les droits de la personne célèbre la liberté individuelle et le respect de la dignité de chacun.

Inauguré par le dalaï-lama (le chef du bouddhisme tibétain) en septembre 1990, ce monument a été conçu par l'artiste montréalais Melvin Charney.

Une allée y passe sous un portail gravé des premiers mots de la Déclaration universelle des droits de l'homme de l'ONU: «Tous les êtres humains naissent libres et égaux en dignité et en droits.» À l'intérieur du monument, les mots *égalité*, *dignité* et *droits* sont gravés sur des plaques de granit dans 47 des quelque 70 langues des Premières nations du Canada.

En septembre 1998, pour le 50ᵉ anniversaire de la Déclaration universelle des droits de l'homme, le président sud-africain Nelson Mandela, qui s'est lui-même longuement et courageusement battu pour les droits humains dans son pays, a dévoilé sur le site du monument une plaque commémorative en hommage à John Peters Humphrey, un juriste canadien qui avait rédigé la première ébauche de la Déclaration universelle des droits de l'homme alors qu'il occupait un poste aux Nations Unies.

 Selon toi, était-ce une bonne idée d'ériger ce monument?

_____

_____

_____

B) Voici maintenant un autre monument.

Monument à Louis Cyr
Square Sainte-Élisabeth (Montréal)
sculpture (1970)
de Robert Pelletier

Louis Cyr

Né à Saint-Cyprien de Napierville en 1863, Louis Cyr (baptisé à la naissance Cyprien-Noé) sera reconnu comme l'homme le plus fort de son temps. Bien que certains de ses exploits relèvent de la légende, d'autres sont bien réels. À une époque où l'haltérophilie n'était pas encore un sport reconnu, c'est lors de démonstrations publiques de force (en 1891, devant 10 000 spectateurs au parc Somher à Montréal, Louis Cyr retient de ses bras 4 chevaux d'attelage) ou de défis lancés à d'autres hommes forts – défis qu'il a tous remportés, au Canada comme à l'étranger - que Cyr établit sa réputation.

Ayant été un temps policier pour la ville de Sainte-Cunégonde (futur quartier Petite-Bourgogne de Montréal), s'étant aussi produit en tournées avec divers cirques, Louis Cyr meurt en 1912, à l'âge de 49 ans.

Ses exploits sportifs ont fait de lui une célébrité à son époque et encore aujourd'hui, ainsi qu'un objet de fierté pour son peuple.

Un autre héros

1. **Qui était Maurice Richard?**

_____

_____

2. **Quelles qualités morales possédait Maurice Richard?**

_____

_____

Parce que tous s'entendent en général pour dire que ces qualités sont recherchées par tout le monde et qu'elles sont bonnes, on les appelle des valeurs.

c) *Certains des monuments situés dans les lieux publics rappellent des évènements historiques, d'autres sont des statues religieuses, d'autres encore des oeuvres artistiques dont le sujet n'est ni historique ni religieux. La plupart de ces monuments représentent, chacun à sa façon, certaines valeurs.*

À toi!

1. Toi et un autre élève, choisissez un monument public et dessinez-le dans vos cahiers.

2. Décrivez ce monument.

_____

_____

_____

_____

3. Cherchez ensemble quelles sont les valeurs que ce monument cherche à promouvoir.

_____

_____

_____

_____

4. Les valeurs qu'il représente sont-elles des valeurs religieuses ou éthiques (les valeurs de ces deux types sont parfois les mêmes)?

_____

_____

1. Comment toi et ton partenaire vous êtes-vous mis d'accord sur le choix de ce monument?

_____

_____

_____

2. A-t-il été facile de décider ensemble quelles sont les valeurs qu'il représente?

_____

_____

_____

3. À quel type de dialogue avez-vous eu recours pour réaliser cette activité?

4. Selon toi, avez-vous tous deux respecté les règles du dialogue lors de la réalisation de cette activité?

_____

_____

_____

_____

_____

E)

1. Si on te confiait la tâche d'ériger un monument public, quelles valeurs choisirais-tu de représenter?

_____

_____

_____

2. Comment ton monument représenterait-il ces valeurs? Serait-il constitué d'un personnage en particulier ou d'éléments symboliques? Représenterait-il une scène imaginaire ou historique?

_____

_____

_____

_____

_____

_____

_____

_____

_____

_____

9.

Les droits et les privilèges

Tous les groupes possèdent une liste – exprimée ou tacite (sous-entendue) – des obligations, des droits et des privilèges de leurs membres.

 A)

1. Que veut dire le mot *droit*?

2. Qu'est-ce qu'un privilège?

Aller chez tes amis pendant la semaine, ce n'est pas un droit, mais un privilège. Ce soir, Thomas, tu restes ici.

Papa, je veux aller jouer chez Lucas! J'ai le droit d'y aller! Je n'ai même plus de devoirs à faire!

B) Pense à un groupe que tu connais et fais la liste des droits et des privilèges de ses membres.

Groupe : _____

Droits : _____

_____

_____

_____

Privilèges :

_____

_____

_____

C) En groupe de trois, établissez une liste des droits et des privilèges qu'un enfant a

dans sa famille.   *à l'école.*   *dans la société.*

Droits :

_____	_____	_____
_____	_____	_____
_____	_____	_____

Privilèges :

_____	_____	_____
_____	_____	_____
_____	_____	_____

D) Comparez vos réponses avec celles des autres élèves de la classe et, après discussion, établissez une liste commune des droits et des privilèges qu'un enfant a :

dans sa famille.   à l'école.   dans la société.

Droits :

_____   _____   _____

_____   _____   _____

_____   _____   _____

Privilèges :

_____   _____   _____

_____   _____   _____

_____   _____   _____

10.

Les cimetières

La mort, à cause de l'impuissance qu'on ressent face à elle, de la douleur qui l'entoure et du mystère qu'elle représente, est un des événements centraux des cultes religieux.

Les rites d'enterrement des morts sont vieux de 100 000 ans. Chaque religion prescrit des règles à observer avant, pendant et après la mort d'un proche. Toutefois, l'observance de ces règles varie selon les pays, les courants à l'intérieur de chaque religion et diverses autres circonstances.

Les cimetières sont, dans les villes et les campagnes, des lieux qui rappellent à notre mémoire les personnes disparues. Ce sont les cimetières catholiques qui sont les plus nombreux au Québec.

Chez les catholiques, le mourant reçoit d'un prêtre l'extrême-onction (ou onction des malades), pour l'accompagner en renouvelant sa foi lors de son passage de la vie terrestre à la vie éternelle.

Après la mort, une entreprise de pompes funèbres s'occupe le plus souvent de la toilette du corps. Le mort, vêtu de ses plus beaux vêtements, est ensuite déposé dans un cercueil. La fermeture du cercueil et la levée du corps sont accompagnées de prières (la lecture du psaume 129 fait souvent partie de la cérémonie). Une cérémonie religieuse a lieu à l'église. Traditionnellement, le Requiem constituait le chant d'entrée de la messe funéraire. Pendant la cérémonie, l'assemblée prie pour le mort afin que les péchés qu'il a commis au cours de sa vie lui soient pardonnés par Dieu. Les proches suivent ensuite le cercueil qu'on mène au cimetière, où il est inhumé.

Les cimetières catholiques sont le plus souvent plantés d'arbres. Des monuments de pierre (ou des croix en bois) indiquent la présences des tombes. La Toussaint (le 1er novembre) et le jour des Morts (le 2 novembre) sont des occasions pour certains catholiques d'aller prier sur la tombe de leurs proches. Autrefois interdite, l'incinération des morts est permise par l'Église catholique depuis 1963.

B) ***Chez les protestants, le mourant est accompagné du pasteur et de ses proches, qui prient et lisent la Bible.*** Après la mort, le corps est mis dans un cercueil, puis un culte est célébré dans le but d'aider la famille et les proches à traverser cette épreuve. Les prières sont généralement tirées du Livre de la prière commune (utilisé par la plupart des églises protestantes), dont celle qui dit: «Je suis la résurrection et la vie; celui qui croit en moi, quand même il serait mort, vivra. Et quiconque vit et croit en moi, ne mourra jamais.» (Jean 11, 25-26) Le défunt est enterré simplement et respectueusement; pendant la mise en terre, on lit un verset de la Bible et on récite des prières.

C) ***Chez les juifs, on récite des prières et des psaumes auprès du mourant, en particulier le Shema Israël, la profession de foi du juif. Le décès est annoncé par ces mots: «Béni soit le Juge de Vérité.»***

Souvent, une lumière est placée près de la tête du défunt pour symboliser l'immortalité de l'âme. La dépouille sera veillée sans interruption jusqu'à son ensevelissement. La toilette du corps consiste à couper les ongles et les cheveux du mort, à le laver et à le parfumer. Le mort est recouvert ensuite d'un linceul. Sur le corps des hommes on pose ensuite le châle de prière.

Le corps doit être mis en terre le plus tôt possible. L'incinération est strictement interdite. Les parents et amis accompagnent le défunt de sa maison au cimetière. On y récite un psaume et différentes prières. Une fois que le cercueil est descendu dans la tombe, le rabbin dit: «L'Éternel a donné… L'Éternel a repris… Que le nom de l'Éternel soit béni.» On récite ensuite le Qaddich. En jetant les premières poignées de terre sur le cercueil, le rabbin dit: «Tu es poussière; tu retournes à la poussière. Le corps retourne à la terre d'où il vient; l'âme retourne à Dieu qui l'avait donnée.» Chaque visiteur peut laisser un petit caillou sur la pierre tombale, symbole d'une vie éternelle. Pendant sept jours, les proches restent ensemble. Des amis se joignent à eux pour prier quotidiennement. On fait brûler une lumière à la maison pendant un an, en souvenir du disparu.

D) *Avant de mourir, le musulman, s'il le peut, dit: «J'atteste qu'il n'y a de dieu que Dieu lui-même. J'atteste que Muhammad est son messager.»*

Après la mort, le corps est lavé à l'eau savonneuse, rincé à l'eau claire et ensuite à l'eau camphrée. Puis on enveloppe le corps de trois pièces de tissu (linceuls). Pendant l'office funéraire, une prière rituelle pour les morts sera dite, demandant le pardon pour le mort et pour tous les musulmans. Au cimetière, la tombe sera orientée vers La Mecque. La tombe doit être simple, et toute dépense doit plutôt consister en dons aux pauvres. Il n'est pas dans la tradition des musulmans d'ériger une pierre tombale.

 E) ## Visite d'un cimetière

1. *En vue de la visite, inscris ici tous les renseignements que tu peux trouver sur le cimetière à visiter.*

Âge du cimetière:

_____

_____

_____

Religion à laquelle il est réservé:

_____

_____

_____

Renseignements sur son histoire:

_____

_____

_____

Éléments distinctifs, s'il y en a:

_____

_____

_____

Situation dans la ville ou le village:

_____

_____

_____

Est-ce un cimetière encore utilisé?

_____

_____

_____

État de conservation des vieux monuments:

_____

_____

_____

2. _Pendant la visite, note tes observations sur les éléments suivants:_

Description générale du cimetière

_____

_____

_____

_____

_____

_____

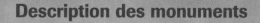

Description des monuments

_____

_____

_____

_____

_____

Description des inscriptions

_____

_____

_____

_____

_____

État général du cimetière

_____

_____

_____

_____

Informations historiques qu'on peut recueillir dans le cimetière

_____

_____

_____

_____

_____

_____

> _Au retour, compare tes réponses avec celles des autres élèves de la classe._

11.

L'écoute, l'ouverture à l'autre, l'empathie

A)

C'est vrai, non?

Oui, oui, très vrai, même!

Avec les autres élèves de la classe, réponds à ces questions.

1. ⸱⸱⸱ **Quelles sont les caractéristiques d'une bonne écoute?**

_____

_____

_____

_____

_____

_____

_____

_____

2. Quelle est la définition de l'empathie?

_____

_____

_____

3. Comment le fait que deux personnes possèdent des valeurs différentes peut-il rendre plus difficile la communication entre elles?

_____

_____

_____

B) *Voici trois situations.*

Pour chacune, explique avec un ou une autre élève ce que chaque personne aurait pu faire pour améliorer la communication.

1. Marthe s'est enfermée dans sa chambre. Son frère vient la voir et lui demande ce qui s'est passé et s'il peut faire quelque chose pour elle. Marthe n'a pas envie qu'on s'occupe d'elle. Elle et son équipe ont perdu la partie de soccer et Marthe préfère rester seule. Marthe dit à son frère de la laisser tranquille. Son frère pense qu'elle est fâchée contre lui et ne comprend pas pourquoi. Il lui dit qu'elle n'aura qu'à sortir de sa chambre quand elle se sentira plus sociable et s'en va de mauvaise humeur.

a) Qu'est-ce que Marthe aurait pu faire ou dire?

_____

_____

b) Qu'est-ce que son frère aurait pu faire ou dire?

_____

_____

2. Le chien de Sandro est mort hier. Sandro est vraiment triste et au lieu de jouer comme d'habitude pendant la récréation, il reste seul dans son coin. Son ami William vient le voir et lui demande ce qui se passe. Sandro lui raconte la mort de son chien, mais il n'a pas encore fini de parler que William est déjà parti finir la partie de ballon qui était en cours. Sandro se sent encore plus seul.

c) Qu'est-ce que Sandro aurait pu faire ou dire?

_____

_____

d) Qu'est-ce que William aurait pu faire ou dire?

_____

_____

3. Élizabeth a, semble-t-il à Sarah, décidé de ne plus lui parler. Pourtant, elles étaient toujours ensemble jusqu'à maintenant. Ce matin, Élizabeth lui a à peine dit bonjour avant d'aller parler avec d'autres enfants. La veille, déjà, Élizabeth ne l'a pas rappelée, même si Sarah avait laissé un message dans sa boîte vocale. Sarah ne comprend pas ce qu'elle a fait pour déplaire à Élizabeth.

e) Qu'est-ce qu'Élizabeth aurait pu faire ou dire?

_____

_____

f) Qu'est-ce que Sarah aurait pu faire ou dire?

_____

_____

● **Raconte une situation où quelqu'un a écouté quelqu'un d'autre, a fait preuve d'ouverture et d'empathie envers lui, ou, au contraire, une situation où cela ne s'est pas produit.**

_____

_____

_____

_____

_____

_____

_____

_____

_____

● **Maintenant, en te reportant aux 11 règles de l'écoute efficace (énoncées précédemment en A), fais la synthèse (un résumé des idées et une mise en ordre) de l'histoire que tu viens de raconter. Explique quelles sont les règles qui ont été respectées et quelles sont celles qui ne l'ont pas été.**

_____

_____

_____

_____

_____

_____

_____

_____

_____

_____

12.

Les statues et les sculptures

A) Dans l'hindouisme, les sculptures des dieux sont considérées comme étant divines elles-mêmes.

Pour les hindous, Brahma est le dieu créateur.

Ses mains tiennent:

- **un pot ou une écorce de noix de coco** qui contient de l'eau, premier élément du monde selon la légende;

- **un mala** (rosaire utilisé par les hindous et les bouddhistes pour la récitation des mantras [phrases répétées plusieurs fois selon un certain rythme pour mesurer le temps de l'univers]);

- **le texte des Veda** (textes religieux qui existent depuis la création du monde selon les hindous);

- **une fleur de lotus** (de laquelle Brahma serait né, selon certaines légendes).

Brahma est traditionnellement représenté avec quatre têtes et quatre bras.

Il possède quatre têtes parce que la légende dit que lorsqu'il était en train de créer l'univers, il engendra une déesse nommée Shatarupa (celle aux cent formes superbes) dont il tomba immédiatement amoureux. Shatarupa se déplaça alors dans toutes les directions pour éviter le regard de Brahma. Cependant, où qu'elle allât, Brahma se créait une tête pour pouvoir continuer à la voir. À la fin, il en eut cinq, une pour chaque point cardinal et une pour regarder au-dessus. Toutefois Shiva, un autre dieu, coupa plus tard cette cinquième tête.

B) Il existe des centaines de milliers de statues et de bas-reliefs (sculpture se détachant légèrement sur une façade) hindous dans le monde, particulièrement en Asie du Sud-Est et dans le monde indien. La plus grande partie des sculptures hindoues sont rattachées à des temples.

À toi!

	En équipe de trois, choisissez dans une encyclopédie ou sur Internet une statue ou un bas-relief hindou représentant Vishnu, Shiva ou Ganesh.
1	Dites ce que la statue ou le bas-relief représente et de quelle façon il le fait.
2	Parlez brièvement du rôle de ce dieu dans l'hindouisme.
3	Dites où l'oeuvre se trouve: pays, région, temple ou autre.
4	Donnez une explication des mots difficiles ou techniques.
5	Incluez toute autre information que vous jugez intéressante.
6	Si possible, imprimez une image de l'oeuvre ou faites une photocopie de sa reproduction.
7	Rassemblez toutes ces informations en un petit cahier de trois ou quatre pages.

Rappelez-vous: il est important que chacun des membres de l'équipe participe activement au projet. Chacun doit avoir l'occasion d'émettre son opinion et ses idées, et chacun doit écouter l'opinion et les idées des autres membres et en tenir compte.

Attention!

Vous devez utiliser au moins trois sources d'information différentes et prendre note de ces sources (le titre du livre, son auteur, la page d'où vous avez tiré l'information; l'adresse du site Internet).

Rappelez-vous de transcrire l'information dans vos propres mots.

Rappelez-vous aussi qu'Internet n'est pas nécessairement une source d'information très fiable, puisque n'importe qui peut y faire paraître n'importe quoi!

13.

La violence verbale et la violence psychologique

A) Il arrive que notre comportement, sans être physiquement violent, aille à l'encontre du respect dû aux autres.

Cela s'appelle de la violence psychologique. Parfois, notre manière de nous adresser à l'autre ou le choix de certains mots pour le faire constituent une agression. Il s'agit alors d'un type de violence psychologique qui s'appelle violence verbale.

Tout le monde peut être une victime de la violence verbale, comme de la violence psychologique en général: les adultes comme les enfants. Cette violence peut être plus douloureuse que la violence physique. Les blessures qu'elle cause, même si elles sont invisibles, peuvent mettre longtemps à guérir.

Avec le reste de la classe, donne des exemples de violence psychologique et de violence verbale.

1. **Violence psychologique en général:**

_____

_____

_____

_____

_____

_____

_____

_____

2. Violence verbale :

_____

_____

_____

_____

_____

_____

3. Quelles sont les conséquences de l'une ou de l'autre pour celui qui en est victime ?

_____

_____

_____

_____

_____

_____

B) Scénarios et discussion en classe

Observe chacune des scènes suivantes et, en groupe, réponds aux questions.

– C'est à cause de toi, Chanie, si on n'a pas été invitées chez Manon.

– Oui, l'autre jour, quand Manon était avec nous, tu parlais de je ne sais plus quoi et tu avais vraiment l'air stupide! Elle a dû penser qu'on était stupides comme toi!

– Pourquoi tu dis ça? Qu'est-ce que j'ai dit?

– C'est vrai, Chanie, tu nous fais honte.

– Vous êtes vraiment méchantes.

– De toute façon, la prochaine fois, ferme-la.

Qu'est-ce qui est inacceptable dans cette scène?

_____

Comment Chanie se sent-elle?

_____

Quels sont les sentiments des agresseurs?

_____

_____

Comment devraient-elles agir?

_____

Que peut faire Chanie?

_____

_____

– Mon père m'a acheté un livre super intéressant, j'étais vraiment content.

– Un livre! Ah! ton père est aussi nul que toi, Jean! Tous les deux, vous pensez que vous savez tout avec vos livres et que vous êtes les meilleurs du monde. Vous êtes vraiment imbéciles!

Qu'est-ce qui est inacceptable dans cette scène?

_____

Comment Jean se sent-il?

_____

Quels sont les sentiments de l'agresseur?

_____

_____

Comment devrait-il agir?

_____

Que peut faire Jean?

_____

_____

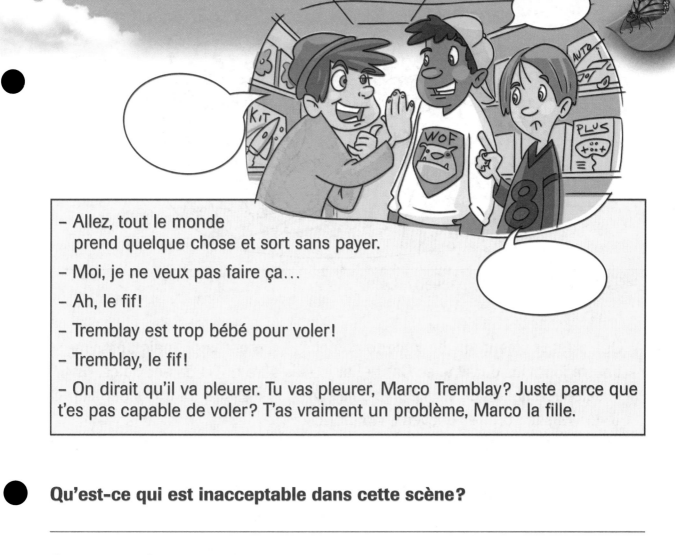

- Allez, tout le monde
  prend quelque chose et sort sans payer.

- Moi, je ne veux pas faire ça…

- Ah, le fif!

- Tremblay est trop bébé pour voler!

- Tremblay, le fif!

- On dirait qu'il va pleurer. Tu vas pleurer, Marco Tremblay? Juste parce que t'es pas capable de voler? T'as vraiment un problème, Marco la fille.

Qu'est-ce qui est inacceptable dans cette scène?

_____

Comment Marco se sent-il?

_____

Quels sont les sentiments des agresseurs?

_____

_____

Comment devraient-ils agir?

_____

Que peut faire Marco?

_____

_____

> – Ils sont bizarres, tes cheveux, Lola.
>
> – Mes cheveux?
>
> – Oui, c'est vraiment pas beau cette couleur-là. Excuse-moi, mais c'est vrai. L'autre jour, Justo riait avec Gabriel et je suis sûre qu'ils riaient de ça. Ils faisaient semblant de vomir et je suis sûre que c'est de toi qu'ils parlaient. Tu devrais teindre tes cheveux, vraiment.

Qu'est-ce qui est inacceptable dans cette scène?

_____

Comment Lola se sent-elle?

_____

Quels sont les sentiments de l'agresseur?

_____

_____

Comment devrait-elle agir?

_____

Que peut faire Lola?

_____

_____

1. Quelles sont les manifestations les plus courantes de violence psychologique et de violence verbale?

_____

_____

_____

_____

_____

2. Quelles règles pourrait-on établir pour réduire le nombre de manifestations de ces deux types de violence dans la vie de tous les jours?

_____

_____

_____

_____

_____

_____

3. Selon toi, le milieu de vie, l'éducation, les types de loisirs ont-ils un rôle à jouer dans le recours à la violence psychologique ou verbale chez les gens? Donne des exemples.

_____

_____

_____

_____

_____

_____

_____

_____

14.

Les jardins zen

A)

Les jardins minéraux (karesansui) sont associés au bouddhisme zen, un des courants du bouddhisme venu de la Chine au Japon au XIIᵉ siècle.

Composés de sable, qui évoque l'eau, de rochers et parfois aussi de mousse, les jardins secs servent à la contemplation et à la méditation. Le sable est ratissé en des dessins qui peuvent être effacés à tout moment, rappelant que rien n'est permanent. Ces jardins sont généralement conçus pour être vus d'une certaine distance et selon des points de vue différents. Leur constitution reflète les principes du bouddhisme zen, particulièrement l'atteinte de la tranquillité d'esprit et de la compréhension de la vraie nature transitoire de toute chose (satori).

À toi!

Avec les autres élèves de ta classe, discute des moyens et des endroits qui te permettent de t'arrêter pour réfléchir, te recueillir et calmer ton esprit.

DISCUSSION

Chacun a-t-il besoin de moments de tranquillité?

_____

_____

A-t-on besoin de s'isoler quand des événements incontrôlables et tristes surviennent? Pour quelles raisons?

_____

_____

Est-il bon de s'isoler et de réfléchir quand on se sent triste ou fâché?

_____

_____

A-t-on besoin de s'isoler quand on se sent fatigué?

_____

_____

Parfois, nos pensées nous nuisent. Préoccupations superficielles, soucis, sentiments négatifs ou positifs, craintes et obsessions sont susceptibles de nous troubler ou de nous rendre malheureux. Ces pensées peuvent naître d'elles-mêmes, à cause, par exemple, d'une prédisposition de notre caractère, ou être causées par un élément extérieur: paroles ou attitudes des autres, milieu dans lequel on vit, culture transmise par les médias (télévision, Internet, radio, journaux, livres), etc.

Est-il facile de se soustraire à l'influence de pensées nuisibles? Quels moyens peut-on employer pour le faire? La réflexion et le calme peuvent-ils nous aider à maîtriser ou à laisser tomber des pensées nuisibles ou négatives?

_____

_____

_____

_____

Doit-il y avoir des endroits publics pour se recueillir ou pour simplement bénéficier du calme?

_____

_____

_____

Est-ce que ce doit être des lieux nécessairement liés à une religion?

_____

_____

_____

Qu'est-ce que la méditation?

_____

_____

_____

La méditation peut-elle avoir un aspect religieux? Au contraire, peut-elle aussi être entièrement dénuée de tout aspect religieux?

_____

_____

_____

La nature, ou les éléments de la nature, sont-ils source d'enseignement et de paix?

_____

_____

_____

Faut-il respecter le besoin de tranquillité des autres?

_____

_____

_____

_____

Comment peut-on contrôler ses pensées, les calmer et ne pas se laisser dominer par elles?

_____

_____

_____

_____

Doit-on réfléchir sur la nature des choses, sur ce qui est le plus important ou sur la nature du monde? Que peut-on en savoir?

_____

_____

_____

_____

_____

L'omniprésence de la radio, de la télévision, d'Internet, des jeux vidéo, des cellulaires et d'autres outils technologiques peut-elle jouer un rôle négatif dans le besoin ponctuel (qui n'est pas continu) de recueillement, de réflexion et de calme qu'éprouvent les gens?

_____

_____

_____

_____

_____

 Décris un moyen ou un endroit qui te permet de te reposer, de réfléchir ou de calmer ton esprit:

_____

_____

_____

_____

_____

_____

_____

_____

_____

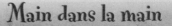

15.

L'intimidation

A) L'intimidation est un comportement répétitif visant à faire peur à une personne ou à la forcer à agir contre sa volonté.

En ayant recours à l'intimidation, l'agresseur acquiert du pouvoir par la violence, alors que la personne qui subit cette violence se sent de plus en plus impuissante et piégée.

Comment l'intimidation peut-elle se manifester?

_____

_____

_____

_____

_____

_____

Malheureusement, l'intimidation disparaît rarement d'elle-même. Elle affecte, en outre, toute la communauté dans laquelle elle se pratique en créant un climat d'insécurité et de violence. Par contre, c'est toute la communauté qui décide si les actes d'intimidation vont se poursuivre ou si, au contraire, elle va agir pour y mettre fin.

B)

Je ne sais pas quoi faire. J'ai perdu tout espoir. Je suis triste et j'ai peur. Personne ne veut de moi. Je ne comprends pas ce qui se passe. Je ne veux plus sortir de chez moi. Je suis tellement fâché contre ce qui m'arrive et contre ceux qui me font ça!

1. **Comment se sent cet enfant?**

_____

_____

_____

_____

Je ne vaux rien. Rien ne m'intéresse plus. Je ne sers à rien. Tout est de ma faute. En plus, je suis si stressé que je n'arrive pas à écouter à l'école…

2. **Que ressent cet enfant?**

_____

_____

_____

3. **Que peut faire une victime d'intimidation pour régler le problème auquel elle fait face?**

_____

_____

_____

_____

_____

_____

_____

_____

_____

_____

 ## c) Les témoins

Les témoins sont beaucoup plus nombreux que les agresseurs. Ils peuvent soit offrir un public à l'agresseur et ainsi appuyer son comportement destructeur, soit intervenir de façon constructive.

Si les témoins n'interviennent pas, cela signifie que l'intimidation est acceptable et qu'on peut s'y livrer sans crainte.

1. **Que ressentent les témoins?**

_____

_____

_____

2. **Que peuvent-ils faire?**

_____

_____

_____

D) L'agresseur

1. Pourquoi les agresseurs agissent-ils ainsi?

_____

_____

_____

_____

E) Projet contre l'intimidation en équipe de quatre élèves.

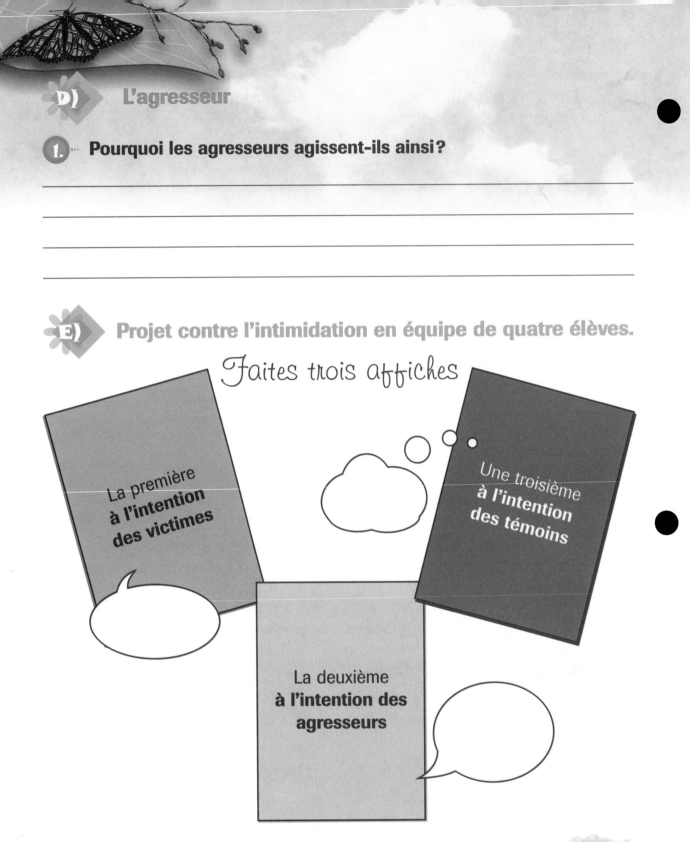

Faites trois affiches

La première
**à l'intention
des victimes**

Une troisième
**à l'intention
des témoins**

La deuxième
**à l'intention des
agresseurs**

Puis, toi et les autres élèves de la classe, organisez
une exposition de vos affiches.

Autoévaluation

(projet d'affiches: conception, distribution du travail et réalisation)

1. ⋯ **Ai-je participé à l'activité autant que les autres?**

_____

2. ⋯ **Ai-je donné mon point de vue?**

_____

3. ⋯ **Ai-je écouté celui des autres?**

_____

4. ⋯ **Ai-je demandé des précisions sur ce que les autres disaient?**

_____

5. ⋯ **Ai-je accepté les bonnes idées des autres?**

_____

6. ⋯ **Ai-je défendu mes idées quand je croyais qu'elles valaient la peine d'être défendues?**

_____

7. ⋯ **Ai-je tenu compte de ce que les autres avaient déjà dit quand j'ai pris la parole?**

_____

8. ⋯ **Ai-je fait des compromis?**

_____

16.

Les événements culturels liés au religieux

Pour les catholiques, la Semaine sainte (qui précède la fête de Pâques) débute par le dimanche des Rameaux, jour où les catholiques vont à l'église avec des branches de rameaux pour rappeler l'entrée de Jésus à Jérusalem à la fin de sa vie.

Selon le Nouveau Testament, une foule était alors venue à Jérusalem accueillir Jésus en agitant des branches coupées aux arbres, une coutume de cette époque en Orient pour acclamer un héros.

Le jeudi suivant, Jeudi saint, on commémore le dernier repas que Jésus a pris avec ses douze apôtres. C'est à la fin de ce repas, quand Jésus et ses disciples sont allés dans le jardin de Gethsémani pour prier, que, selon le Nouveau Testament, Judas a trahi Jésus et l'a livré aux Romains. Le lendemain, Vendredi saint, les catholiques se rappellent la mort de Jésus sur la croix.

Image chemin de croix
© Wikipédia, artiste: Altdorfer, Albrecht

Image d'une des 14 stations
© Wikipédia, artiste : Altdorfer, Albrecht

Ce jour-là, dans certaines paroisses, les catholiques participent à un chemin de croix, en mémoire de la passion du Christ (c'est-à-dire des souffrances qui ont accompagné sa mort). Il s'agit d'une procession pendant laquelle sont évoqués 14 moments de la montée au Calvaire (mont, à Jérusalem, où Jésus a été crucifié). La procession a lieu à l'intérieur d'une église ou, parfois, à l'extérieur. Les marcheurs s'arrêtent devant 14 stations (tableaux, croix ou symboles représentant un des moments précédant la mort de Jésus).

Le surlendemain, jour de Pâques, on célèbre la résurrection de Jésus survenue, selon le Nouveau Testament, trois jours après sa mort.

Questions

1. **Qui participe à un chemin de croix ?**

_____

2. **Où les chemins de croix ont-ils lieu ?**

_____

3. **Quand ont-ils lieu ?**

_____

4. **Comment se déroulent-ils ?**

_____

5. **Pour quelles raisons ?**

_____

6. **Quels sont les objets utilisés lors d'un chemin de croix ?**

_____

7. Quels sont les gestes posés?

_____

_____

8. Quelles sont les valeurs religieuses transmises lors d'un chemin de croix?

_____

9. Quelles en sont les valeurs éthiques (sociales)?

_____

À ton tour!

Toi et un autre élève, présentez un événement culturel d'origine religieuse ou éthique d'ici ou d'ailleurs. Cherchez-en l'origine et la signification; identifiez les symboles qu'il véhicule et leur sens; mentionnez toute autre information pertinente.

_____

_____

_____

_____

_____

_____

_____

_____

_____

_____

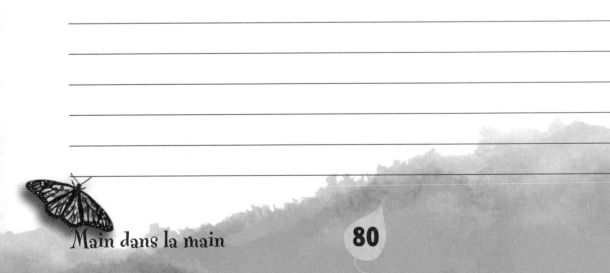

1. Quels sont les éléments de cette manifestation qui ressemblent à ceux du chemin de croix tel qu'il est décrit précédemment?

_____

_____

2. Quels sont les éléments qui en diffèrent?

_____

_____

3. Connais-tu d'autres manifestations de groupe, qu'elles soient d'origine religieuse ou éthique?

_____

_____

4. Selon toi, est-ce important que des manifestations publiques à caractère religieux ou éthique aient lieu? Ces manifestations apportent-elles quelque chose à ceux et celles qui y participent? Apportent-elles un élément positif à la communauté en général?

_____

_____

_____

_____

5. Comment faut-il se comporter face à des manifestations culturelles ou religieuses qui ne font pas partie d'une tradition qui nous a été transmise ou qu'on a choisie?

_____

_____

_____

_____

17.

L'expression des émotions et des sentiments dans les relations interpersonnelles

A) **Les jugements de préférence, de prescription et de réalité**

Sans cesse, nous émettons des jugements sur des personnes ou sur toutes sortes de choses, même malgré nous: les personnes qui nous entourent, ce que nous voyons, ce qui nous arrive et bien d'autres choses encore. De la même façon, nous baignons aussi dans un courant incessant de jugements émis par ceux qui nous entourent et par les médias.

Il existe plusieurs types de jugement, car tous les jugements ne sont pas de même nature.

Voyons trois types de jugements.

C'est pas bon!

Le jugement de préférence

Définition : _____

_____

_____

_____

Ne fais pas aux autres ce que tu ne veux pas qu'ils te fassent!

Le jugement de prescription

Définition : _____

_____

_____

_____

L'Indonésie est le pays qui compte actuellement le plus grand nombre de musulmans au monde.

Le jugement de réalité

Définition : _____

_____

_____

1. Cette fille est stupide!

_____

2. Le chat est malade.

_____

3. Tu vas au lit à 8 h 30. Pas de discussion!

_____

4. Le sucre est mauvais pour la santé.

_____

5. Cette musique est ennuyante!

_____

6. Tu ne tueras point.

7. Les animaux n'ont pas de sentiment!

8. Les voisins font trop de bruit!

9. L'avidité est un vilain défaut.

10. Je suis trop petit...

c) Pistes pour la catégorisation d'un point de vue

Que les jugements soient émis par soi-même ou par quelqu'un d'autre, il est bon de s'arrêter pour les analyser. Cela permet d'éviter de se raconter n'importe quoi ou de croire bêtement tout ce qui se dit…

Chaque type de jugement suscite des questions qui lui sont propres. Tenter d'apporter des réponses à ces questions permet de mettre le jugement en contexte et, ainsi, de mieux évaluer son bien-fondé.

Jugement de préférence

1. **Quelles sont les raisons de cette préférence, s'il y en a?**

Jugement de prescription

1. **Quelles sont les raisons de ce jugement, s'il y en a?**

2. **Est-ce une prescription réaliste (qui peut être réalisée)?**

3. **Quelles sont les conséquences, positives ou négatives, que peut engendrer cette prescription?**

Jugement de réalité

1. **De quelles sources provient ce jugement (observation personnelle, témoignage fiable, théorie scientifique valable, autorité reconnue)?**

2. **Est-ce une source fiable? Pourquoi?**

Jugements et religions

Les croyances religieuses ne relèvent pas de la connaissance scientifique. Le mot «foi» lui-même fait référence à un acte d'adhésion à une idée dont la réalité ne peut pas être prouvée.

Avoir la foi signifie CROIRE que Dieu existe ou que des dieux existent. Bien que cette croyance puisse être si forte qu'elle semble évidente pour certaines personnes, il n'existe pas de démonstration de l'existence de Dieu. Toutefois, il faut bien se rappeler que l'absence de preuve de l'existence d'une entité ou d'une chose ne signifie pas nécessairement que cette entité ou cette chose n'existe pas.

Les concepts du vrai et du faux ne s'appliquent que mal à ce qui concerne la croyance religieuse, car ce type de croyance ne concerne justement pas, en dernier lieu, les choses concrètes et tangibles (qu'on peut toucher) du monde, mais tout ce qui est au-delà de ce que nous, humains, pouvons percevoir.

Toute religion fait naître des fanatiques qui estiment que tout le monde devrait croire ce qu'eux-mêmes croient et penser de la même manière qu'eux. Ces fanatiques refusent de reconnaître que chacun est libre de penser par lui-même. Il existe aussi des gens qui, au contraire, sont contre toutes les religions, qui ne comprennent pas le sentiment religieux et qui refusent d'accepter que d'autres personnes puissent y trouver un sens. Toutefois, une croyance religieuse, ou son absence, relève du choix personnel et ne doit pas être imposée à quiconque.

Certaines personnes professent une religion qui répond aux questions sur la raison de l'existence du monde, sur le sens de la vie, sur la manière dont il faut se comporter en société et sur le sens de la mort. D'autres pensent qu'il n'y a pas de Dieu et que c'est à chacun d'apporter ses propres réponses à ces questions: on appelle ces gens des athées. D'autres encore considèrent que les humains sont incapables de répondre à la question de savoir si Dieu existe ou non: ce sont des agnostiques. **Être croyant, athée ou agnostique relève d'une décision personnelle qui ne regarde que soi.**

Nous pouvons tous discuter de ces questions ensemble. Néanmoins, lorsque les opinions sont irréconciliables (quand elles se contredisent absolument), le respect de l'autre et l'art de vivre ensemble exigent l'acceptation du fait que tout le monde ne pense pas comme soi.

E) Avec les autres élèves de la classe, réponds à ces questions.

1. Quelle différence y a-t-il entre une émotion et un sentiment?

_____

_____

2. Pense à des émotions et à des sentiments qui peuvent perturber le bon fonctionnement des relations interpersonnelles et fais-en une liste.

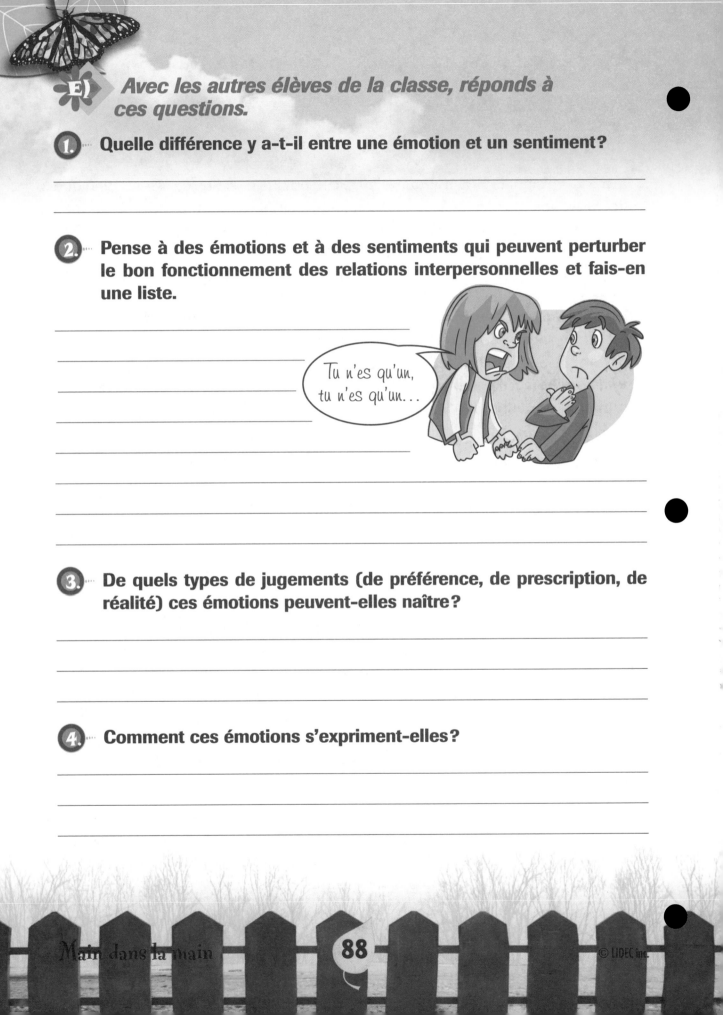

Tu n'es qu'un, tu n'es qu'un...

_____

_____

_____

_____

_____

_____

3. De quels types de jugements (de préférence, de prescription, de réalité) ces émotions peuvent-elles naître?

_____

_____

_____

4. Comment ces émotions s'expriment-elles?

_____

_____

_____

5. Comment ces émotions peuvent-elles perturber le bon fonctionnement des relations interpersonnelles?

_____

_____

6. Y a-t-il des moyens à prendre pour limiter les effets négatifs de ces émotions?

_____

_____

À toi!

Interroge un autre élève à propos d'un dialogue auquel il a participé et qui a été perturbé par des sentiments ou des émotions.

Demande-lui de parler des circonstances entourant le dialogue, des sentiments ou des émotions qui l'ont perturbé, du type de jugement qui les avait peut-être causés, des conséquence de la présence de cette émotion ou de ce sentiment et de la manière dont le dialogue aurait pu se dérouler si ce sentiment ou cette émotion ne l'avait pas perturbé.

Circonstances:

_____

_____

_____

Sentiments ou émotions:

_____

_____

_____

Type de jugement à l'origine des sentiments ou des émotions:

_____

_____

Conséquences:

_____

_____

En l'absence des ces sentiments ou de ces émotions, comment le dialogue se serait-il déroulé?

_____

_____

_____

_____

 **Internet et vérité**

Essaie de répondre aux questions suivantes en discutant avec les autres élèves de la classe.

1. La quantité d'information qui se trouve sur Internet est phénoménale. D'où vient toute cette information?

_____

_____

2. Qui l'y a mise et pour quelle raison?

_____

_____

3. Les gens et les groupes qui mettent de l'information sur Internet peuvent-ils chercher à promouvoir un certain point de vue ou à atteindre certains objectifs?

_____

4. Les sentiments et les émotions de son auteur peuvent-ils nuire à l'objectivité de l'information qui est présentée sur un site?

_____

_____

5. Le point de vue ou l'objectif de l'auteur, ou des auteurs, d'un site Internet sont-ils nécessairement valables?

_____

6. Peut-on se fier à ce qui se trouve sur Internet?

_____

_____

7. Est-ce qu'Internet offre une information de qualité?

_____

_____

8. Tous les sites se valent-ils?

_____

_____

9. Comment peut-on juger de la qualité d'un site?

_____

_____

10. Les balises qui empêchent généralement les gens de mentir existent-elles sur Internet?

_____

_____

11. Qui peut se cacher derrière un site?

_____

18.
Des oeuvres communautaires

A) L'Armée du Salut a été fondée en 1865 par William Booth, un ministre méthodiste, dans les quartiers pauvres de Londres, en Angleterre, et s'est établie au Canada dès 1882.

Organisée selon une hiérarchie de type militaire, cette église cherche à aider les démunis tout en leur enseignant les principes de sa foi. Pour cette raison, l'Armée du Salut offre une gamme de services à travers diverses institutions ayant pignon sur rue au Québec (et ailleurs dans le monde). Ses centres d'hébergement et de désintoxication, ses magasins de meubles d'occasion et ses divers centres de services sociaux sont ouverts au public.

Telle que l'Armée du Salut la formule, sa mission est la suivante: «Manifester l'amour de Jésus-Christ, répondre aux besoins essentiels des gens et exercer une influence transformatrice sur les collectivités.»

Membre en uniforme de l'Armée du Salut
© Armée du Salut

Bâtiment de l'Armée du Salut
© Armée du Salut

B) Toi et un ou une autre élève, choisissez un organisme communautaire à vocation religieuse ou laïque.

Faites-en le portrait: son origine, son histoire, sa mission, la clientèle à laquelle il s'adresse et tout autre renseignement pertinent. *Rédigez un texte d'une page ou deux faisant la synthèse (résumé et mise en ordre) des informations que vous aurez recueillies.*

Suggestions d'organismes dont on peut faire le portrait:

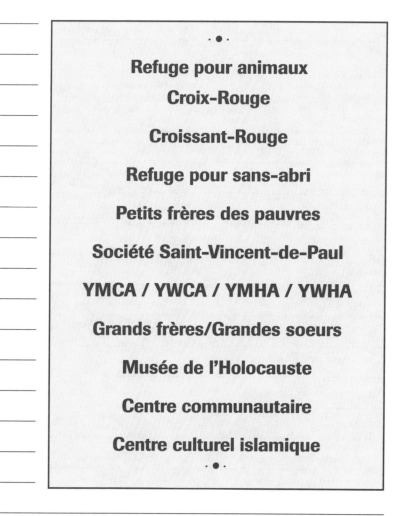

· • ·

Refuge pour animaux

Croix-Rouge

Croissant-Rouge

Refuge pour sans-abri

Petits frères des pauvres

Société Saint-Vincent-de-Paul

YMCA / YWCA / YMHA / YWHA

Grands frères/Grandes soeurs

Musée de l'Holocauste

Centre communautaire

Centre culturel islamique

· • ·

19. Des règles de vie ou des interdits dans différents groupes

A)

Salut, je m'appelle Arielle et je suis juive. Dans ma religion, l'obéissance aux règles alimentaires (loi cascher) vise à nous amener à distinguer le bien du mal et à faire le bon choix. Voici quelques-unes de ces règles. Nous ne pouvons pas manger la viande de certains animaux (le porc et les fruits de mer entre autres) et les animaux que nous pouvons manger doivent avoir été tués selon la loi juive. Nous ne pouvons pas non plus manger ensemble de la viande et des produits laitiers.

Pour ce qui est de notre code vestimentaire, les hommes peuvent se couvrir la tête pendant la prière et les repas, ou tout le temps, avec une kippa, ou yarmulke, (petite coiffe qui couvre l'arrière de la tête). Ils peuvent également porter, sous leurs vêtements, un châle de prière garni de franges aux quatre coins. Certains hommes portent des boudins et ne se rasent pas. Certaines femmes mariées couvrent leurs cheveux d'un foulard. Les hommes et les femmes doivent s'habiller de façon décente.

Salut, je m'appelle Aïcha. Je suis musulmane. La loi de ma religion, la loi islamique, définit ce qui est permis par Dieu (ce qui est hallal) et ce qui est interdit par Dieu (ce qui est haram). La surconsommation, le commérage et la consommation d'alcool ou de drogues sont tous considérés comme étant haram. Notre code alimentaire prescrit que toute viande doit provenir d'un animal tué selon les directives religieuses. Il nous est défendu de manger du porc et des produits dérivés du porc.

Selon notre code vestimentaire, les hommes et les femmes doivent s'habiller de façon décente et les vêtements des femmes doivent couvrir tout le corps, sauf le visage et les mains. Certaines femmes se couvrent la tête avec un foulard. Dans certaines sociétés musulmanes, les femmes portent un voile qui couvre le corps en entier, sauf les mains et les yeux. Il est recommandé aux hommes musulmans de porter la barbe. Pour nous, musulmans, le code vestimentaire n'est pas seulement une obligation: il nous permet aussi de sentir que nous appartenons à une religion que nous aimons.

B) Tous les groupes, religieux ou non, dictent des règles et des codes de conduite (sous-entendus ou explicites) que leurs membres doivent respecter: groupe sportif, groupe d'amis, école, classe, famille, voisinage, club de loisirs…

Dans un premier temps, quelles sont les règles de vie ou les interdits des groupes suivants, en ce qui concerne, par exemple, les aliments, les vêtements, le travail, le jeu, l'humour, les rôles selon les sexes, les fêtes, le rôle des aînés, le corps, l'attitude envers la nature, le droit de parole et l'attitude envers les animaux?

Dans un deuxième temps, d'où viennent ces règles ou ces interdits dans les groupes suivants?

- Sont-ils basés sur un des trois types de jugements que tu as étudiés précédemment (de préférence, de prescription, de réalité)?
- Pour quelles raisons existent-ils?
- Peut-on les remettre en question?
- Si oui, quelles peuvent être les conséquences de cette remise en question?

Pendant la discussion, note sous les rubriques appropriées les éléments que tu retiens de ce qui se dit.

Famille

Règles:	Origines	Remise en question possible?	Conséquences

Interdits:	Origines	Remise en question possible?	Conséquences

Équipe sportive

Règles :

	Origines	Remise en question possible ?	Conséquences

Interdits :

	Origines	Remise en question possible ?	Conséquences

Groupe d'amis

Règles :

	Origines	Remise en question possible ?	Conséquences

Interdits :

	Origines	Remise en question possible ?	Conséquences

Classe

Règles: Origines Remise en question possible? Conséquences

_____

_____

_____

_____

Interdits: Origines Remise en question possible? Conséquences

_____

_____

_____

_____

Québec

Règles: Origines Remise en question possible? Conséquences

_____

_____

_____

_____

Interdits: Origines Remise en question possible? Conséquences

_____

_____

_____

_____

1. ···· **Ai-je participé à la discussion autant que les autres?**

_____

2. ···· **Ai-je donné mon point de vue?**

_____

3. ···· **Ai-je écouté celui des autres?**

_____

4. ··· **Ai-je demandé des précisions sur ce que les autres disaient?**

_____

5. ··· **Ai-je noté les éléments intéressants?**

_____

6. ··· **Ai-je tenu compte de ce que les autres avaient déjà dit quand j'ai pris la parole?**

_____

20.

Des expressions langagières, les oeuvres littéraires et les films

A) **La Bible a eu un grand impact sur la culture en Occident (Amériques et Europe).** La Bible est constituée d'une collection de différents récits dont la rédaction s'échelonne sur 1400 ans: du XIIe siècle avant notre ère au IIe siècle de notre ère. Ces récits sont regroupés dans différents documents qu'on appelle des livres.

Il y a en fait deux Bibles: la Bible hébraïque (juive) – la Torah – qui comporte 39 livres, et les Bibles chrétiennes qui, en plus des livres de la Bible hébraïque, comportent d'autres livres. La Bible des protestants comporte en tout 69 livres, alors que la Bible des catholiques et des orthodoxes comporte dans son ensemble 76 livres.

B) **L'expression «un bon Samaritain» fait partie de notre langage de tous les jours. Elle vient du récit suivant, tiré du Nouveau Testament.**

Parabole du bon Samaritain

Jésus aimait répondre aux questions en racontant une parabole (c'est-à-dire un récit qui enseigne une vérité).

Un jour, un légiste demanda à Jésus, pour le mettre à l'épreuve: «Maître, que dois-je faire pour recevoir en partage la vie éternelle?» Jésus lui dit: «Dans la loi [la Bible], qu'est-il écrit? Comment lis-tu?» Il lui répondit: «Tu aimeras le Seigneur ton Dieu de tout ton coeur, de toute ton âme, de toute ta force et de toute ta pensée; et ton prochain comme toi-même.» Jésus lui dit: «Tu as bien répondu; fais cela, et tu auras la vie [éternelle].»

Mais lui, voulant montrer sa justice, dit à Jésus: «Et qui est mon prochain?» Jésus reprit: «Un homme descendait de Jérusalem à Jéricho, il tomba sur des bandits qui, l'ayant dépouillé et roué de coups, s'en allèrent, le laissant à moitié mort. Il se trouva qu'un prêtre descendait par ce chemin; il vit l'homme et passa à bonne distance. Un lévite [au temple de Jérusalem, les lévites étaient chargés du chant, de la préparation des sacrifices et de la police intérieure] de même arriva en ce lieu; il vit l'homme et passa à bonne distance. Mais un Samaritain [les Samaritains partageaient plusieurs des traditions des juifs, mais adoraient Dieu à leur façon et, pour cela, ils étaient détestés des juifs] qui était en voyage arriva près de l'homme: il le vit et fut pris de pitié. Il s'approcha, banda ses plaies en y versant de l'huile et du vin [des remèdes utilisés à cette époque pour calmer la douleur (huile) et pour désinfecter les plaies (vin)], le chargea sur sa propre monture, le conduisit à une auberge et prit soin de lui. Le lendemain, tirant deux pièces d'argent, il les donna à l'aubergiste et lui dit: "Prends soin de lui, et si tu dépenses quelque chose de plus, c'est moi qui te le rembourserai quand je repasserai." Lequel des trois, à ton avis, s'est montré le prochain de l'homme qui était tombé sur les bandits?» Le légiste répondit: «C'est celui qui a fait preuve de bonté envers lui.» Jésus lui dit: «Va et, toi aussi, fais de même.» *Luc 10, 25-37*

Selon toi et suite à cette lecture, que veux dire l'expression moderne «un bon Samaritain»?

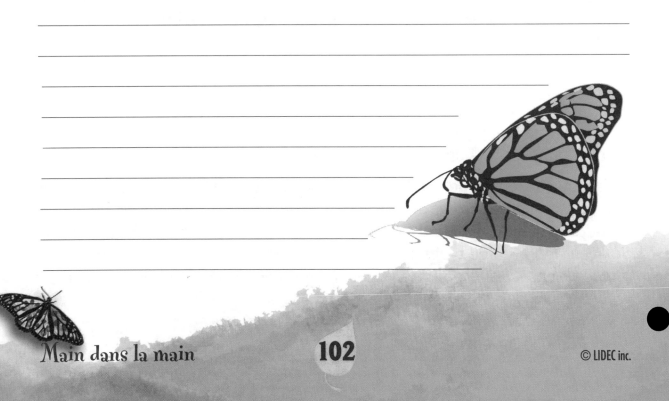

c) Plus de 400 expressions françaises viennent directement de la Bible. Voici plusieurs de ces expressions. En connais-tu certaines?

(La référence qui suit l'expression indique le nom du livre dans lequel elle figure. Le premier chiffre correspond au chapitre, le second au verset.)

1. **À chaque jour suffit sa peine:** *Matthieu 6, 34*
2. **Boire le calice jusqu'à la lie:** *Psaumes 75, 9*
3. **C'est le déluge:** *Genèse 6, 8*
4. **Comme la prunelle de ses yeux:** *Deutéronome 32,10*
5. **Comme un seul homme:** *Juges 20,1*
6. **Crier sur les toits:** *Matthieu 10, 27*
7. **Deux poids, deux mesures:** *Deutéronome 25,13*
8. **Entende qui a des oreilles:** *Matthieu 11,15*
9. **Être pris à son propre piège:** *Proverbes 11,6*
10. **Il faut le voir pour le croire:** *Jean 20, 24*
11. **Il n'y a rien de nouveau sous le soleil:** *Ecclésiaste 1, 9*
12. **Il y a un temps pour tout:** *Ecclésiaste 3,1*
13. **Jeter des perles aux cochons:** *Matthieu 7, 6*
14. **Jeter la première pierre:** *Jean 8, 7*
15. **La brebis égarée:** *Matthieu 18,12*
16. **La période de vaches maigres:** *Genèse 41,1*
17. **La porte étroite:** *Luc 13, 24*
18. **Le baiser de Judas:** *Matthieu 26, 48*
19. **Le bouc émissaire:** *Lévitique 16, 8*
20. **Le loup dans la bergerie:** *Matthieu 7, 15*
21. **Les premiers seront les derniers:** *Matthieu 19, 30*
22. **Mère poule:** *Matthieu 23, 37*
23. **N'avoir que la peau sur les os:** *Psaumes 102, 6*

24. Ne pas changer un iota: *Matthieu 5,18*

25. N'être ni chaud ni froid: *Apocalypse 3,16*

26. Nul n'est prophète en son pays: *Matthieu 13, 57*

27. Oeil pour oeil, dent pour dent: *Exode 21, 24*

28. On ne meurt qu'une fois: *Hébreux 9, 27*

29. Ôter la paille qui est dans l'oeil de son voisin: *Luc 6, 41*

30. Passer au crible: *Luc 22,11*

31. Pauvre comme Job: *Job 1 à 3*

32. Pleurer comme une Madeleine: *Luc 7, 35*

33. Porter sa croix: *Matthieu 10, 38*

34. Qui sème le vent récolte la tempête: *Osée 8, 7*

35. Qui cherche trouve: *Matthieu 7, 8*

36. Rendre à César ce qui est à César: *Matthieu 22, 21*

37. S'en laver les mains: *Matthieu 27, 24*

38. Se mordre les lèvres: *Proverbes 16, 30*

39. Séparer le bon grain de l'ivraie: *Matthieu 13, 24-30*

40. Se voiler la face: *1 Samuel 15, 30*

41. Semer la zizanie (zizanie = ivraie en grec): *Matthieu 13, 25*

42. Telle mère, telle fille: *Ezéchiel 16, 44*

43. Tohu-bohu: *Genèse 1, 2*

44. Tout travail mérite salaire: *Luc 10, 7*

45. Travailler à la sueur de son front: *Genèse 3,19*

46. Une arme à double tranchant: *Hébreux 4,12*

47. Un fils prodigue: *Luc 15, 11-32*

48. Vanité des vanités, tout est vanité: *Ecclésiaste 1.2 livre de sagesse du roi Salomon*

49. Vieux comme Mathusalem: *Genèse 5, 27*

Choisis cinq expressions parmi les précédentes. Écris ensuite ce que chacune des cinq expressions signifie et copie les quelques phrases de la Bible qui la situent dans son contexte.

a) _____
_____
_____
_____

b) _____
_____
_____
_____

c) _____
_____
_____

d) _____
_____
_____
_____

e) _____
_____
_____
_____

D) Toi et un ou une autre élève, préparez une entrevue (*voir l'activité 5*) avec une personne de votre entourage (un parent, un frère ou une soeur, un moniteur ou une monitrice, …) sur une oeuvre littéraire religieuse ou spirituelle qu'elle a lue. Préparez une dizaine de questions, faites l'entrevue et prenez note des réponses. Pendant l'entrevue, demandez des précisions ou des éclaircissements si quelque chose n'est pas clair pour vous.

Exemples de questions

- Cette oeuvre (ce récit, ce conte, ce roman, etc.) est-il rattaché à une tradition religieuse? Si oui, à laquelle?
- Quand cette oeuvre a-t-elle été écrite, et par qui?
- Est-ce qu'il y a une morale à l'histoire de cette oeuvre?
- As-tu aimé ce livre? Pourquoi?
- Est-ce que cette oeuvre t'as apporté quelque chose? Si oui, quoi? Si non, pour quelle raison?
- Recommanderais-tu ce livre? À qui? Pourquoi?

Copie ici les questions et les réponses de l'entrevue.

_____

_____

_____

_____

_____

_____

_____

_____

Copie ici les questions et les réponses de l'entrevue (suite).

_____

_____

_____

_____

_____

_____

_____

_____

Après l'entrevue, réponds aux questions suivantes.

1. **La préparation de l'entrevue s'est-elle bien passée? As-tu fait des suggestions et as-tu écouté celles de ton coéquipier ou ta coéquipière?**

_____

_____

_____

_____

_____

2. **Pendant l'entrevue, as-tu demandé des précisions ou des éclaircissements?**

_____

_____

_____

_____

3. La personne avec qui vous avez fait l'entrevue a-t-elle utilisé, dans ses réponses, un des trois types de jugements que tu connais (de préférence, de prescription, de réalité)? Si c'est le cas, note ici les extraits en question et indique le type de jugement dont il s'agit.

_____

_____

_____

_____

_____

_____

_____

4. Puis, pose les questions qui servent à identifier un jugement, selon le jugement dont il s'agit, et réponds à ces questions selon tes connaissances.

_____

_____

_____

_____

_____

_____

_____

_____

_____

E) Plusieurs récits de la Bible ont servi à inspirer des livres et des films. En voici un bien connu.

David et Goliath

À l'époque où Saül était roi d'Israël, Dieu dit au prophète Samuel qu'Il n'était pas content du travail de Saül et qu'Il allait choisir un nouveau dirigeant parmi les fils de Jessé qui habitaient à Bethléem. Samuel envoya chercher les fils de Jessé, mais quand ils furent devant lui, Samuel ne reçut aucun signe de Dieu lui indiquant lequel de ces fils était le nouveau roi d'Israël. Samuel demanda à Jessé: «Est-ce que tous tes fils sont ici?» Et Jessé lui répondit: «Tous, sauf le plus jeune, qui garde les moutons.» Jessé envoya chercher son plus jeune fils. **Son nom était David.** Il était très beau. **Dieu dit alors à Samuel: «C'est celui-ci.»**

Le roi Saül savait que Dieu était mécontent de lui et il avait souvent des mauvaises pensées. Un jour, il demanda à ses serviteurs de trouver quelqu'un qui pourrait le divertir en jouant de la cithare. Un de ses serviteurs lui parla de David, le fils de Jessé, qui était un très bon joueur de cithare.

David vint et joua pour le roi Saül. Saül, après qu'il eut joué, lui demanda de rester à son service. David fut d'accord.

Pendant ces années-là, il y avait une guerre entre les Israélites et les Philistins, un peuple voisin. **Un géant nommé Goliath était le champion des Philistins.** Il était coiffé d'un casque de bronze et revêtu d'une cuirasse à écailles. Il avait aux jambes des jambières de bronze, et un javelot de bronze en bandoulière. Goliath dit un jour aux Israélites: «Choisissez-vous un homme et qu'il descende vers moi! S'il est assez fort pour lutter avec moi et qu'il me batte, nous serons vos esclaves. Si je suis plus fort que lui et que je le batte, vous serez nos esclaves et vous nous servirez.» Saül et tout Israël entendirent ces paroles du Philistin et furent écrasés de terreur. Goliath répéta cela pendant quarante jours.

Trois des frères de David se battaient contre les Philistins et, un jour, le père de David l'envoya sur le champ de bataille porter du pain et du fromage à ses frères. Pendant que David remettait la nourriture à ses frères, Goliath sortit du camp des Philistins et répéta ce qu'il disait déjà depuis quarante jours. Mais aucun Israélite ne voulait se battre contre lui, les gens fuyaient plutôt de peur en l'apercevant.

David alla voir Saül et lui dit qu'il voulait se battre contre Goliath. Saül lui fit remarquer qu'il n'était qu'un gamin, alors que Goliath était un homme de guerre.

«J'étais berger chez mon père», répondit David. «S'il venait un lion, et même un ours, pour enlever une brebis du troupeau, je partais à sa poursuite, je le frappais et lui arrachais la brebis de la gueule. Quand il m'attaquait, je le saisissais par les poils et je le frappais à mort». **Saül fut convaincu et dit à David: «Va, et que le Seigneur soit avec toi.»** Saül revêtit David de ses propres habits, lui mit sur la tête un casque de bronze et le protégea d'une cuirasse.

David ceignit aussi l'épée de Saül par-dessus ses habits et essaya en vain de marcher. David dit à Saül: «Je ne pourrai pas marcher avec tout cela, car je ne suis pas entraîné.» Et David se débarrassa de son armure. Il prit en main son bâton, se choisit dans le torrent cinq pierres bien lisses, les mit dans son sac de berger, et, la fronde à la main, s'avança contre le Philistin.

Quand il le vit, Goliath pensa que ce garçon se moquait de lui parce qu'il était si jeune et n'avait qu'un bâton à la main. Il dit à David: «Suis-je un chien pour que tu viennes à moi armé d'un bâton?» Il lui dit encore: «Viens ici, que je donne ta chair aux oiseaux du ciel et aux bêtes des champs.» David répondit: «Toi, tu viens à moi armé d'une épée, d'une lance et d'un javelot; moi, je viens à toi armé du nom du Seigneur, le tout-puissant.» Goliath s'avança vers lui et David mit prestement la main dans son sac, y prit une pierre, la lança avec la fronde et frappa le Philistin au front. La pierre s'enfonça dans son front et il tomba la face contre terre. David courut, s'arrêta près du Philistin, lui prit son épée en la tirant du fourreau et, avec elle, acheva le Philistin en lui tranchant la tête. Voyant que leur héros était mort, les Philistins prirent la fuite.

David devint, plus tard, roi d'Israël.
(1 Samuel 17,1)

1. Quel est le nom du prophète à qui Dieu annonça que David deviendrait roi?

_____

2. Comment Saül a-t-il fait la rencontre de David?

_____

3. Contre qui se battaient alors les Israélites?

_____

4. Qui était Goliath?

_____

5. Comment David convainquit-il Saül de le laisser affronter Goliath?

_____

6. Avec quel instrument David fit-il tomber Goliath?

_____

21.

La gestion des tensions et des conflits

A)

1. La tâche de faire la vaisselle après le souper semble-t-elle répartie également entre les enfants?

Selon toi:

_____

Selon les élèves de la classe:

_____

2. Semble-t-elle répartie équitablement?

Selon toi:

_____

Selon les élèves de la classe:

_____

3. Quelle est la différence entre l'égalité et l'équité?

Selon toi:

_____

Selon les élèves de la classe:

_____

 Décris une situation dans laquelle une chose est répartie équitablement, mais dans laquelle, en même temps, elle n'est pas répartie également.

_____

_____

_____

_____

_____

_____

C) ▶ **Résolution de conflits**

Le jugement de Salomon

Salomon était un roi d'Israël (970 à 931 avant notre ère) dont l'histoire est racontée dans la Bible. C'était un roi populaire grâce à ses jugements pleins de sagesse. Un jour, il rendit un jugement dont on parle encore aujourd'hui.

Deux femmes avaient mis au monde un enfant, mais l'un des deux mourut. Les deux femmes se disputaient l'enfant qui restait et vinrent voir Salomon, chacune dans le but de se faire accorder l'enfant. Salomon ordonna qu'on coupe l'enfant en deux, afin que chacune des femmes en eût une moitié. L'une des femmes accepta; l'autre dit qu'elle n'accepterait pas que l'enfant soit tué et qu'elle préférait renoncer à lui. Salomon reconnut alors en elle la vraie mère de l'enfant et il le lui confia.

1. **Que penses-tu de la façon dont le roi Salomon a réglé le différend entre les deux femmes?**

_____

_____

_____

2. **Selon toi, aurait-il pu régler le conflit d'une autre manière?**

_____

_____

_____

D) ▶ **Tous les conflits ne sont pas aussi dramatiques que celui entre ces deux femmes. Dans la plupart des cas, il n'est pas nécessaire qu'un juge arbitre un conflit: les adversaires le règlent entre eux.**

Un conflit naît quand deux personnes ont des désirs ou des buts différents: chacune pense avoir raison et considère que son point de vue est le meilleur. Il est néanmoins faux de croire que les conflits sont nécessairement mauvais. Au contraire, ils permettent de discuter et de trouver des idées nouvelles.

Pour cela, cependant, il faut bien savoir les gérer. C'est-à-dire qu'il faut suivre les étapes ci-dessous:

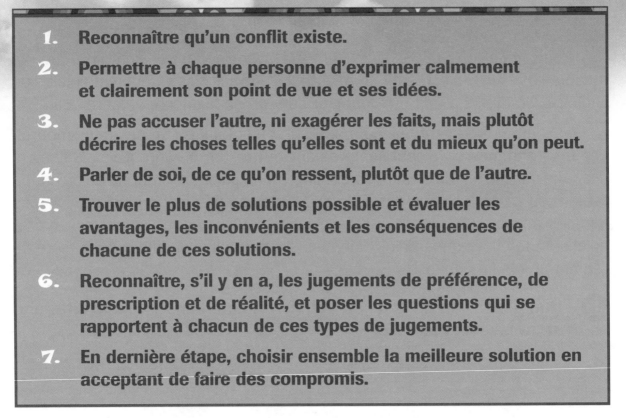

1. Reconnaître qu'un conflit existe.

2. Permettre à chaque personne d'exprimer calmement et clairement son point de vue et ses idées.

3. Ne pas accuser l'autre, ni exagérer les faits, mais plutôt décrire les choses telles qu'elles sont et du mieux qu'on peut.

4. Parler de soi, de ce qu'on ressent, plutôt que de l'autre.

5. Trouver le plus de solutions possible et évaluer les avantages, les inconvénients et les conséquences de chacune de ces solutions.

6. Reconnaître, s'il y en a, les jugements de préférence, de prescription et de réalité, et poser les questions qui se rapportent à chacun de ces types de jugements.

7. En dernière étape, choisir ensemble la meilleure solution en acceptant de faire des compromis.

En équipe de trois élèves, inventez une histoire qui raconte un conflit. (Pour résoudre le conflit, les personnages de l'histoire doivent suivre les sept étapes énumérées plus haut). **Par la suite, jouez l'histoire.**

Utilise cet espace pour écrire le dialogue.

_____

_____

_____

_____

_____

_____

22.

Les icônes

A)

Icône
© Wikipédia, artiste: Rublëv, Andrej

L'icône est une image peinte sur du bois et dont le but est d'illustrer le message de l'Évangile et la présence de Dieu dans le monde.

Les icônes représentent Jésus, Marie ou des saints en mettant l'accent sur une lumière qui émane d'eux.

Peintes pour la première fois à Byzance* au Vᵉ siècle, les icônes sont généralement associées à l'Église orthodoxe (l'Église d'Orient), qui en perpétue aujourd'hui la tradition, bien qu'elles aient été présentes partout dans le monde chrétien avant 1054 (date à laquelle l'Église d'Occident et l'Église d'Orient se sont séparées).

Les icônes sont considérées par les chrétiens orthodoxes comme étant elles-mêmes saintes.

*Ancienne ville grecque située à l'entrée du Bosphore sur une partie de la ville actuelle d'Istanbul (en Turquie). Byzance sera rebaptisée Constantinople en 330 de notre ère.

Tout comme c'est encore le cas dans l'islam et dans le judaïsme, l'adoration des images religieuses était interdite dans les premiers temps du christianisme. Pourtant, en arguant que Dieu s'était incarné en Jésus et que Jésus était ainsi lui-même une image de Dieu qu'il était bon de vénérer, les opposants des iconoclastes (ceux qui refusent qu'on fasse des images de Dieu) finirent par faire accepter les icônes par l'Église et par le gouvernement de Byzance, au IXe siècle.

L'Église définit la manière dont l'icône doit être faite, car il n'est pas question pour le peintre de faire preuve d'originalité dans sa représentation du divin. Chaque détail de l'icône est important et sa perfection reflète la perfection du monde créé par Dieu. Avant de s'exécuter, le peintre récite une prière pour demander à Dieu de guider son travail. Le fond de l'image est généralement doré. Le nom du personnage ou de la scène représentée apparaît au bas de l'icône.

L'icône aide le fidèle à méditer et à se transporter du monde visible au monde invisible dont lui parle sa croyance.

 Rends-toi à la bibliothèque et choisis un livre sur les icônes.

Reproduis-en une sur un carton 8½ x 11. Prends note des matériaux utilisés pour faire l'original, de ce que l'icône représente, de son lieu d'origine, de la période à laquelle elle a été peinte. Avec les autres élèves de la classe, organisez une exposition de vos reproductions (accompagnées des notes explicatives).

23.

L'exclusion

A) Certains procédés du langage sont susceptibles d'entraver le dialogue en le faussant. Ces procédés sont nombreux. **En voici trois:** la généralisation abusive, l'attaque personnelle et l'appel au clan. Des arguments logiques permettent de démontrer la fausseté de tels procédés.

La généralisation abusive

Mes deux frères sont paresseux: ça montre bien que tous les garçons sont paresseux.

Définition:

_____

_____

_____

_____

Réfutation: Il faut juger chaque personne pour elle-même.

Définition :

_____

_____

_____

_____

Réfutation : Il ne faut pas tenir compte d'éléments qui ne sont pas pertinents pour juger ce qu'une personne dit ou fait.

L'appel au clan

Définition :

_____

_____

_____

_____

Réfutation : Le nombre de gens qui disent ou font quelque chose ne rend pas cette chose nécessairement vraie ou nécessairement bonne.

B) L'exclusion

Il est parfois légitime pour les membres d'un groupe de vouloir rester entre eux. À d'autres moments, les raisons pour lesquelles un groupe rejette quelqu'un sont mauvaises. Les trois procédés précédents sont souvent utilisés, à tort, pour exclure une personne d'un groupe.

Élabore avec un autre élève trois scénarios différents qui illustrent chacun une situation dans laquelle un groupe rejette un individu sur la base d'un des trois procédés précédents.

Ensuite, dessine chacun des scénarios.

1.

2.

3.

1. ···· **En classe, discute de situations où il peut être acceptable qu'un groupe veuille refuser l'accès à une ou plusieurs personnes. De quel type de groupes pourrait-il s'agir? Dans quelles circonstances? Écris ici ce que tu retiens de cette discussion.**

_____

_____

_____

_____

_____

2. ···· **Selon toi, est-il toujours facile de départager les cas (c'est-à-dire ceux où il est légitime pour un groupe de rejeter quelqu'un et les cas où ce n'est pas justifiable)?**

Es-tu d'accord avec toutes les opinions exprimées par les autres élèves?

_____

_____

_____

_____

_____

_____

_____

24.

Les couvents et monastères

A) Les couvents et les monastères sont des lieux où des gens se retirent afin de consacrer leur vie à leur religion. Le taoïsme, le bouddhisme, l'hindouisme, le jaïnisme et le christianisme sont toutes des religions dans lesquelles la vie en communauté religieuse existe.

Dans le cas du christianisme, les abbayes sont des endroits généralement retirés où les moines cherchent à s'isoler de la société, se consacrant à la prière et à la méditation, et vivant le plus souvent de l'agriculture. Les couvents et les monastères, qui ont commencé à apparaître au XIIe siècle, sont, pour leur part, situés dans les villes. Ainsi, les religieux et les religieuses de ces institutions, qu'on appelle aussi frères et sœurs, peuvent accomplir les missions qu'ils se sont données: évangéliser (enseigner l'Évangile), instruire, soigner ou aider les démunis.

Monastère des Sœurs clarisses. L'arrivée des Sœurs clarisses à Valleyfield en 1902 vient enrichir l'Église du canada par l'implantation du premier monastère des Sœurs de Claire.
© Sœurs clarisses de Valleyfield

Plusieurs ordres religieux ont joué un rôle majeur dans l'histoire du Québec, particulièrement dans le domaine social. Ce sont des ordres religieux qui ont, par exemple, construit les premiers hôpitaux et les premières écoles. Longtemps, ce sont les congrégations religieuses qui ont dirigé la plupart des institutions sociales. Notre système social actuel repose encore sur des infrastructures que ces congrégations ont développées au fil des siècles.

Les bâtiments qui logeaient (et logent encore dans les cas où ils n'ont pas été vendus ou démolis) les ordres religieux sont souvent d'une grandeur imposante: les membres des congrégations étaient nombreux et ces bâtiments abritaient aussi, le plus souvent, les gens dont les communautés s'occupaient (élèves, malades, orphelins, vieillards, etc.), en plus de comporter des bureaux permettant d'effectuer le travail administratif.

B **Voici une liste de quelques ordres religieux qui se sont établis au Québec au cours de son histoire**

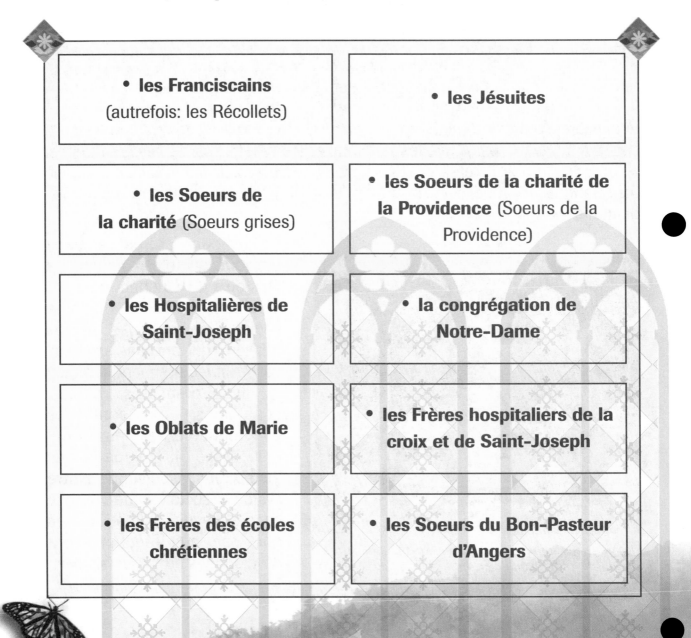

- **les Franciscains** (autrefois: les Récollets)

- **les Jésuites**

- **les Soeurs de la charité** (Soeurs grises)

- **les Soeurs de la charité de la Providence** (Soeurs de la Providence)

- **les Hospitalières de Saint-Joseph**

- **la congrégation de Notre-Dame**

- **les Oblats de Marie**

- **les Frères hospitaliers de la croix et de Saint-Joseph**

- **les Frères des écoles chrétiennes**

- **les Soeurs du Bon-Pasteur d'Angers**

- les Soeurs de Sainte-Croix

- les Frères de la charité

- les Soeurs missionnaires de l'Immaculée-Conception

- l'ordre hospitalier de Saint-Jean-de-Dieu

- les Oblates franciscaines de Saint-Joseph

- les Filles de la sagesse

- les Soeurs de Sainte-Famille de Bordeaux (autrefois: Soeurs de Notre-Dame de l'espérance)

- les Soeurs de Saint-François d'Assise

- les Soeurs des Saints-Noms de Jésus et de Marie

- les Pères de Sainte-Croix

- les Petites Filles de Saint-Joseph

- la congrégation des Petites Soeurs des Pauvres

- les Soeurs de miséricorde

c) Toi et un ou une autre élève, choisissez un couvent ou un monastère. Décrivez-le et parlez de la communauté religieuse qui l'occupe ou l'a occupé et, si c'est le cas, de sa mission et des institutions que cette communauté a fondées. Si c'est possible, faites une copie d'une photo du bâtiment et collez-la dans le cahier.

_____

_____

_____

_____

_____

_____

_____

_____

_____

_____

_____

_____

_____

_____

_____

_____

_____

_____

_____

_____

Photo

_____

25.

Les relations de groupe présentées dans les médias

A) Tu aimes les gens forts et drôles comme nous et tu veux que des gens comme nous t'aiment? Il te faut des amis comme nous!

Alors nous n'avons qu'une chose à te dire: bois du Plamich! La seule boisson que des gens comme nous boivent! Ceux qui boivent autre chose ne méritent que le mépris, non? Ne sois pas un perdant! D'ailleurs, la plupart des jeunes qui ont la moindre valeur font la même chose que nous!

Alors, sois pleinement toi: sois comme nous!

1.

a) Quel groupe vise cette publicité?

_____

b) Quels types de relation entre les membres de ce groupe cette publicité présente-t-elle?

_____

_____

_____

2. Cette publicité contient plusieurs jugements. Avec un ou une autre élève, repérez-les et posez les questions s'y rapportant. Identifiez aussi, s'il y en a, les procédés susceptibles d'entraver le dialogue (voir l'activité 23).

a) Jugement ou procédé:

_____

Questions et réponses, ou réfutation:

_____

_____

_____

b) Jugement ou procédé:

_____

Questions et réponses, ou réfutation:

_____

_____

_____

c) Jugement ou procédé:

_____

Questions et réponses, ou réfutation:

_____

_____

_____

 B)

À vous !

Toi et un ou une autre élève, choisissez deux publicités dans un journal ou dans un magazine. Colle ci-dessous une photocopie de ces publicités.

- Inscris quel est le groupe qui, selon vous, est visé par chacune des publicités.

- Dis quelles sont les relations qui existent entre les membres du groupe présenté dans ces publicités.

- Ensuite, analysez le type de jugement et le type d'entrave au dialogue qui sont utilisés dans chacune des publicités.

- Posez ensuite les questions qui se rapportent à ce type de jugement et répondez-y, ou réfutez les entraves au dialogue.

26.

Les symboles religieux

A)

Les symboles religieux sont souvent partagés par diverses religions, sans nécessairement signifier exactement la même chose dans chacune d'entre elles.

Inspirés de la nature (astres, fleurs, couleurs, l'un des quatre éléments, arbres, rochers, animaux), **représentant des objets du culte ou de l'histoire de la religion en question, ou encore simples dessins stylisés,** les symboles religieux sont utilisés afin d'associer une chose à une religion ou pour rappeler aux fidèles leur foi ou un élément de leur foi.

B) Voici quelques symboles religieux. Associe ces symboles à leur description.

a) Dans l'hindouisme, **la roue du dharma** comporte 24 rayons. Ces rayons représentent 24 vertus, allant de l'amour et du courage à la foi en Dieu. Dans le bouddhisme, par contre, la roue du dharma comporte 8 rayons qui représentent le sentier octuple (les huit règles qui mènent à la cessation de la souffrance).

b) Selon la Bible (livre de l'Exode), Dieu expliqua à Moïse la manière de fabriquer **la menorah** (chandelier à sept branches) qui allait devenir le symbole du peuple juif.

c) Les hindous associent **la fleur de lotus** au mythe de la création et aux dieux Vishnu et Brama, et à la déesse Lakshmi. Cette fleur représente souvent la beauté divine. Le bouddhisme, pour sa part, empruntant à l'hindouisme, utilise la fleur de lotus pour représenter la pureté flottant au-dessus de la boue que sont l'attachement et le désir.

d) En grec, l'acronyme des premières lettres des mots «Jésus Christ Dieu Fils Sauveur» forme le mot **«ichthys»**, c'est-à-dire «poisson». C'est ainsi qu'au Ier siècle de notre ère, le poisson en vint à représenter le christianisme.

e) **Aum (omkar)** est la syllabe sacrée de l'hindouisme, du jaïnisme et du bouddhisme.

f) **La croix chrétienne,** représentant la crucifixion de Jésus, est un symbole très répandu du christianisme. Elle est liée au crucifix, qui représente le corps de Jésus sur la croix.

g) Symbole très ancien, **le svastika** représente dans l'hindouisme, entre autres choses, les deux formes du dieu créateur Brahma: l'évolution et l'involution de l'univers. Dans le bouddhisme, le svastika représente l'harmonie universelle et l'équilibre des opposés, alors que dans le jaïnisme, c'est un symbole du 7e saint et qu'elle est utilisée pour ouvrir et conclure les cérémonies.

h) **L'étoile de David** (appelée «bouclier de David» en hébreu) ne vient pas de la Bible. Ce symbole n'a commencé à être utilisé qu'au XIXᵉ siècle comme signe d'identification des juifs entre eux. Au début du XXᵉ siècle, on a accolé à son dessin divers sens religieux dont ceux-ci:

a) les six branches représentant les six jours de la Création et le centre représentant le septième jour, celui du repos de Dieu;

b) ses deux triangles interlacés représentant l'alliance de Dieu et de son peuple;

c) le symbole du Messie (envoyé de Dieu qui viendra sauver les hommes de leurs péchés et rétablir la justice divine sur la terre) qu'attendent les juifs.

i) Symbole du sikhisme, **le khanda** est composé de trois armes: une épée à deux tranchants à large lame qui représente la connaissance de Dieu, surmontée d'une arme circulaire symbolisant la nature éternelle de Dieu et l'unité de l'humanité, entourées toutes deux de deux dagues courbes appelées kirpans qui représentent le pouvoir politique et le pouvoir spirituel.

j) **La lune** est très souvent citée dans le Coran. En outre, les musulmans respectent un calendrier lunaire dont les mois commencent avec l'apparition du premier croissant de la lune. **L'étoile** à cinq branches symbolise les cinq piliers de l'islam.

k) Symbole associé le plus souvent à l'islam, bien qu'il ne soit pas propre aux musulmans, **la main de Fatima** se retrouve au Moyen-Orient et en Afrique du Nord. Certains musulmans et certains juifs lui accordent un sens religieux, alors que pour d'autres personnes, il n'est qu'un talisman qui protégerait contre le mauvais oeil.

l) **Le torii** est un portail traditionnel japonais situé à l'entrée des autels shinto (mais aussi, parfois, des temples bouddhistes). Il est constitué de deux piliers supportant deux barres transversales. Il est souvent peint en rouge. Le torii marque la transition entre l'espace profane (le monde de tous les jours) et l'espace sacré (l'autel).

m) Dans la philosophie chinoise, **le yin et le yang** représentent la corrélation et la complémentarité des opposés. C'est aussi un symbole du taoïsme.

c) Si tu devais inventer un symbole pour une notion ou une cause qui te tient à coeur, quel serait ce symbole? Dessine-le et explique ce qu'il représente.

_____

_____

_____

_____

D) Discute des questions suivantes avec les autres élèves de la classe. Note les éléments les plus importants de la discussion.

1. Connais-tu d'autres symboles, religieux ou profanes, utilisés pour rappeler une valeur, un moment de l'histoire ou un aspect d'une religion?

_____

_____

_____

_____

2. Les symboles occupent-ils une grande place dans notre société?

_____

_____

_____

_____

3. Quels sont les symboles les plus courants et les plus répandus?

_____

_____

_____

_____

27.

La distinction entre ce qui est approprié dans la vie de groupe et ce qui ne l'est pas

A) Discussion

Avec ta classe, discute de ce qui est approprié dans la vie de groupe et de ce qui ne l'est pas. Pendant la discussion, prends note de quelques-uns des bons arguments qui sont proposés.

1. Quelles sont les conditions de base du bon fonctionnement d'un groupe?

_____

_____

2. Quelles qualités ou quelles attitudes faut-il avoir pour bien fonctionner dans un groupe?

_____

_____

3. Quels sont les défauts ou les attitudes qui ne favorisent pas la vie de groupe?

_____

_____

4. Quelles sont les actions qui entravent la vie de groupe?

_____

_____

5. Quels sont les types de jugements ou les procédés qui sont nuisibles à la bonne communication entre les membres d'un groupe?

_____

_____

6. Les relations égalitaires (dans lesquelles tout le monde est sur un pied d'égalité) sont-elles plus propices à la vie de groupe que les relations hiérarchiques (dans lesquelles il y a des chefs et des subordonnés)?

_____

_____

7. Le contrôle et le pouvoir doivent-ils exister dans un groupe? Si oui, de quelle façon? Des relations de pouvoir et de contrôle peuvent-elles être abusives?

_____

_____

8. Faut-il toujours que les membres du groupe acceptent les contraintes (les obligations et les limites) qui leur sont imposées?

_____

_____

_____

9. Comment consilier (faire fonctionner ensemble) les différents points de vue des membres d'un groupe (concessions, compromis…)?

_____

_____

10. La violence verbale a-t-elle sa place dans un groupe?

_____

_____

 B)

À toi!

1. Après cette discussion, fais la synthèse des idées et des arguments les plus pertinents présentés durant la discussion (fais un résumé des idées et mets-les en ordre).

> Partage les éléments en deux catégories: ceux qui concernent ce qui est approprié et ceux concernant ce qui ne l'est pas.

Ce qui est approprié:

_____

_____

_____

_____

_____

_____

Ce qui n'est pas approprié:

_____

_____

_____

_____

_____

_____

_____

2. À partir de la synthèse précédente, rédige un court texte qui explique ce qui est approprié et ce qui ne l'est pas dans la vie de groupe. Donne des exemples et explique les idées difficiles et les mots plus rares, s'il y en a.

> Tu peux ajouter des éléments qui n'ont pas été mentionnés lors de la discussion de classe, si tu le souhaites.

_____

_____

_____

_____

_____

_____

_____

_____

_____

_____

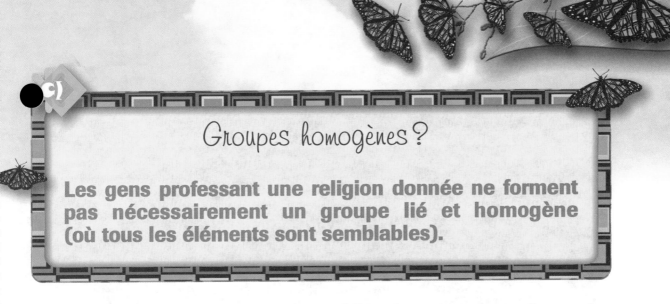

Groupes homogènes ?

Les gens professant une religion donnée ne forment pas nécessairement un groupe lié et homogène (où tous les éléments sont semblables).

Parfois, pour des raisons historiques, différents sous-groupes d'une même religion s'opposent radicalement entre eux sur certaines questions.

En outre, il existe aussi, dans la plupart des religions, des courants différents qui se démarquent les uns des autres selon leur degré de respect des traditions et la mesure dans laquelle ils sont prêts à accepter les apports de la société profane (la société au sens général).

Dans le judaïsme, par exemple, on peut regrouper ces courants sous quatre grandes dénominations.

1. **Les ultra-orthodoxes** (dont font partie les Loubavitch, qui portent des vêtements inspirés de ceux des nobles d'Europe de l'Est il y a deux cents ans) respectent strictement les règles religieuses. Ils refusent en général le monde moderne (particulièrement la télévision, à cause du contenu de ses programmes) et vivent isolés de la société et aussi de la communauté des autres juifs: ils portent des vêtements spécifiques, vivent dans des quartiers spécifiques et ont leurs propres institutions religieuses.

2. **Les orthodoxes**, eux, considèrent qu'il faut respecter la loi juive, telle qu'elle est établie par la tradition, en tout lieu et en tout temps.

© LIDEC inc.

3. **Les massortis**, pour leur part, pensent qu'il faut respecter les commandements divins et les prescriptions religieuses, mais que, toutefois, les prescriptions religieuses sont sujettes à changement selon le contexte social et historique dans lequel on se trouve. Ainsi, les massortis accordent une place quasi égale aux hommes et aux femmes à la synagogue et dans la société (bien que les femmes ne puissent pas devenir rabbins). Ils accordent aussi une grande importance à la probité intellectuelle. Les méthodes modernes et scientifiques d'aborder les textes religieux sont admises et les massortis encouragent l'examen et la critique des traditions et des idées religieuses.

4. **Le judaïsme libéral** (réformé ou progressiste) respecte les traditions religieuses juives et cherche à préserver tout ce qu'il juge bon dans le judaïsme du passé, tout en vivant dans le présent. Pour le judaïsme libéral, le judaïsme doit être une force positive pour chacun en particulier et pour la société en général. Les femmes y jouent un rôle égal à celui des hommes. L'éthique y prime l'observance des règles religieuses. On y encourage la participation active et positive à la vie de la société en général.

La musique religieuse

A) Amazing Grace (La grâce du ciel) est l'un des chants protestants les plus connus. Les paroles en ont été écrites par John Newton, probablement en 1760 ou 1761.

John Newton, né en Angleterre en 1725, était le capitaine d'un navire qui faisait le transport des esclaves de l'Afrique vers les Antilles et les autres colonies britanniques. Le 10 mai 1748, au cours d'une tempête, il a eu peur de mourir et a prié Dieu. Ayant survécu à la tempête, il est devenu pasteur et a renoncé au trafic d'esclaves, au point de devenir plus tard militant de la cause abolitionniste. Newton n'a composé que les paroles de cette chanson. La mélodie, célèbre, serait celle d'un très vieil air irlandais.

Amazing Grace (La grâce du ciel)	
Traduction	
Amazing grace, how sweet the sound,	*Étonnante grâce, combien beau est le son,*
That saved a wretch like me.	*Qui a sauvé un infortuné tel que moi.*
I once was lost but now I am found,	*J'étais perdu, mais je suis maintenant retrouvé,*
Was blind, but now, I see.	*J'étais aveugle, mais maintenant je vois.*
'Twas grace that taught my heart to fear,	*C'était la grâce qui a enseigné à mon coeur la crainte,*
And grace, my fears relieved.	*Et la grâce qui a enlevé la peur.*
How precious did that grace appear,	*Combien précieuse m'est apparue cette grâce,*
The hour I first believed.	*La première heure où j'ai cru.*

Through many dangers, toils and snares;	J'ai déjà traversé beaucoup de dangers, de travaux et de pièges ;
I have already come.	
Twas grace that brought me safe thus far,	C'est la grâce qui m'a protégé jusqu'ici,
And grace will lead us home.	Et la grâce nous ramènera chez nous.
The Lord has promised good to me;	Dieu m'a promis de bonnes choses ;
His word my hope secures.	Ses mots renforcent mon espoir.
He will my shield and portion be;	Il sera mon bouclier et mon lot ;
As long as life endures.	Tant que je vivrai.
Yea, when this flesh and heart shall fail,	Oui, quand ce corps et ce coeur flancheront,
And mortal life shall cease,	Et que la vie mortelle cessera,
I shall possess, within the veil,	Je posséderai, à l'intérieur du voile,
A life of joy and peace.	Une vie de joie et de paix.
The earth shall soon dissolve like snow,	La terre se dissoudra bientôt comme de la neige,
The sun forbear to shine;	Le soleil s'abstiendra de briller ;
But God, Who called me here below,	Mais Dieu, qui m'a appelé ici-bas,
Will be forever mine.	Sera pour toujours à moi.
(et, pas écrit par Newton...)	**(et, pas écrit par Newton...)**
When we've been there ten thousand years,	Quand nous y aurons été 10 000 ans,
Bright shining as the sun,	Brillants comme des soleils,
We've no less days to sing God's praise	Il ne nous restera pas moins de jours pour chanter la gloire de Dieu
Then when we'd first begun.	Que lorsque nous venions de commencer.

B) **Voici maintenant un psaume.** Les psaumes sont des poèmes qui servent de prières et de chants aux juifs et aux chrétiens, qui partagent un même livre religieux: les juifs l'appellent la Torah et les chrétiens, l'Ancien Testament (la première partie de la Bible). C'est dans ce livre que se trouvent les 150 psaumes.

Voici le premier de ces psaumes

Psaume 1

Heureux l'homme

qui ne prend pas le parti des méchants,

ne s'arrête pas sur le chemin des pécheurs

et ne s'assied pas au banc des moqueurs,

mais se plaît à la loi du Seigneur

et récite sa loi jour et nuit!

Il est comme un arbre planté près des ruisseaux:

 il donne du fruit en sa saison,

et son feuillage ne se flétrit pas;

il réussit tout ce qu'il fait.

Tel n'est pas le sort des méchants:

ils sont comme la bale* que disperse le vent.

Lors du jugement, les méchants ne se relèveront pas,

ni les pécheurs au rassemblement des justes.

Car le Seigneur connaît le chemin des justes,

mais le chemin des méchants se perd.

La bale est l'enveloppe du grain de blé. Après avoir battu le blé, on projetait en l'air le mélange de bale et de grain. Celui-ci, plus lourd, retombait sur place, tandis que le vent emportait la bale, plus légère.

Que comprends-tu de ce psaume?

_____

_____

_____

Compare ta réponse avec celle d'un autre élève. Après cela, modifie ta description, si tu le désires, ou ajoutes-y des éléments.

_____

_____

_____

_____

_____

À toi!

Toi et un ou une autre élève, faites une courte recherche sur un thème de la musique religieuse ou spirituelle (qui est parfois intimement liée à des chants ou à des danses).

- Choisissez un morceau de musique, un chant ou une chanson.
- Dites de quel type de musique il s'agit et à quelle religion il appartient.
- Racontez l'histoire de sa création.
- Expliquez dans quelles circonstances on le joue ou le chante.
- Expliquez ce qu'il signifie (s'il s'agit d'un chant ou d'une chanson dont les paroles ne sont pas en français, trouvez-en une traduction).
- Faites un commentaire général sur sa popularité ou sur toute autre chose intéressante à son sujet.

Il vous est possible de choisir une pièce qui se rapporte à l'un des thèmes suivants:

le gospel et le protestantisme; la musique de transe de l'islam; la musique de Bach et le protestantisme; le reggae et le rastafarisme; la musique dans les cérémonies bouddhiques; la musique indienne; le chant dans la religion russe orthodoxe; les chants juifs et la musique liturgique juive; les chants et le tambour dans la spiritualité amérindienne; le chant grégorien; le rock chrétien; etc.

Transcrivez ici le résultat de votre recherche.